D1142884

l'or
et
l'argent

Couverture
- Photo:
  FRANÇOIS DUMOUCHEL
- Maquette:
  MICHEL BÉRARD

Maquette intérieure
- Conception graphique:
  GAÉTAN FORCILLO
- Caricatures et dessins:
  CLAUDE BRIE et PIERRE MALBOEUF

DISTRIBUTEURS EXCLUSIFS:

- Pour le Canada:
  AGENCE DE DISTRIBUTION POPULAIRE INC.*
  955, rue Amherst, Montréal H2L 3K4 (tél.: 514-523-1182)
  *Filiale de Sogides Ltée

- Pour la France et l'Afrique:
  INTER-FORUM
  13, rue de la Glacière, 75013 Paris (tél.: 570-1180)

- Pour la Belgique, la Suisse, le Portugal, les pays de l'Est:
  S.A. VANDER
  Avenue des Volontaires 321, 1150 Bruxelles (tél.: 02-762-0662)

Michel D. Lecours

l'or
et
l'argent

LES ÉDITIONS DE L'HOMME *

CANADA: 955, rue Amherst, Montréal H2L 3K4

*Division de Sogides Ltée

©1979 LES ÉDITIONS DE L'HOMME,
DIVISION DE SOGIDES LTÉE

Tous droits réservés

Bibliothèque nationale du Québec
Dépôt légal — 3ième trimestre 1979

ISBN 2-7619-0030-8

Avant-propos

"Une société s'épanouit ou dépérit avec la force de ses idées et la vigueur de son dialogue intérieur.

"Si un jour les États-Unis devaient voir l'opposition de ses différentes idées prendre fin, ses débats disparaître et tout le monde être du même avis, alors nous serions finis en tant que nation — et le rêve de liberté sur lequel notre nation est basée depuis Washington & Adams, Jefferson & Hamilton périrait."

John F. Kennedy

"Je crois en la valeur suprême de chaque individu et à son droit de vivre, de liberté et à la recherche du bonheur.

"Je crois que chaque droit implique des responsabilités; chaque occasion, une obligation; chaque avoir, un devoir.

"Je crois que la loi a été faite pour l'homme et non l'homme pour la loi; que le gouvernement doit servir le peuple et non en être le maître.

"Je crois en la dignité du travail, intellectuel ou manuel; que l'homme ne doit pas s'attendre à ce que le monde pourvoit à ses besoins, mais que le monde lui offre les possibilités de subsister."

John D. Rockefeller, junior

Ces personnages cités ici font partie de deux des plus puissantes familles des États-Unis. Depuis des générations, ces deux familles ont acquis des richesses spirituelles et matérielles que seules les grandes familles savent léguer de père en fils.

J'ai eu le privilège de rencontrer John F. Kennedy à Palm Beach en Floride. C'est impressionnant, très impressionnant de rencontrer un candidat à la Maison Blanche. Cela devient un souvenir impérissable lorsque cette forte personnalité accède quelques mois plus tard à un des postes les plus puissants du monde.

John Kennedy, c'est aussi une justesse de la pensée et il est nécessaire que ses paroles soient bien comprises par tout citoyen qui aspire à la liberté ou qui veut respirer librement dans une société.

Quant à John D. Rockefeller, son illustre famille m'a toujours fasciné en étant illustre... justement.

Illustre par son sens des affaires et ses millions. Mais aussi pour les multiples services qu'elle a rendus à la société américaine, voire même au monde.

Pourquoi ce livre?

Parce que l'économie, c'est ennuyant et compliqué. J'ai voulu rendre le tout vivant et simple, divertissant mais instructif.

Beaucoup d'ouvrages, de très bons d'ailleurs, ont été faits sur l'économie, mais ils s'adressent presque toujours aux connaisseurs. On prêche aux convertis.

Je vise "les gens ordinaires" lorsqu'ils rentrent à la maison, le soir, après le travail ou encore ceux qui redeviennent comme tous les autres, le matin, après avoir quitté la maison.

Je rêvassais souvent pendant mes cours en économie à l'université, lorsque le professeur s'emmêlait dans les grandes théories économiques comme une mouche prise au piège d'une toile d'araignée. Ces voyages spirituels me permettent aujourd'hui de romancer certains passages et de m'attarder seulement à ce qui nous touche dans la vie de tous les jours, à la maison, au travail ou ailleurs.

Plusieurs personnes m'ont suggéré d'écrire ce livre, à la suite d'une série d'émissions télévisées sur un de nos trois réseaux français. Au départ, j'ai rejeté complètement cette idée à la seule pensée de me résigner à composer.

Écrire sur l'économie... beaucoup trop ennuyant! Jamais! Me voyez-vous écrire un livre? Des nuits au sommeil écourté, des heures à fouiller le dictionnaire, la maison en désordre. Là, j'avoue que ça n'aurait pas changé grand-chose.

Plus tard, je me suis dit que l'idée n'était peut-être pas si mauvaise après tout. Puis... pourquoi pas? Le coup de grâce s'est présenté lorsque j'ai perdu un temps fou à essayer de mettre la main sur un renseignement perdu dans le fouillis habituel de mes références.

Pourquoi ne pas comprimer le tout dans un seul volume? Et ce fut la naissance de ce livre.

À tous ceux qui m'ont suggéré de le faire, je vous en veux, mais je n'oublierai jamais que c'est grâce à vous si je suis fier d'avoir complété cet ouvrage. Je serais d'autant plus fier s'il réussissait à plaire et j'espère qu'il sera utile et bénéfique à ceux qui le liront.

Si j'arrivais ne serait-ce qu'un seul instant, à faire réfléchir nos principaux hommes d'affaires, nos dirigeants politiques, nos chefs syndicaux et surtout, surtout, une partie de la population, celle qui veut progresser et prendre les mesures nécessaires, alors mes efforts pour façonner ces textes n'auraient pas été vains.

Je ne m'attends pas à ce que tous les lecteurs soient entièrement d'accord avec quelques-uns des chapitres qui suivent, mais j'aimerais au moins, que les idées exprimées les incitent à prendre conscience de leur pouvoir en tant que citoyens et à jouer leur rôle comme membres responsables de notre société — si nous voulons tous y mieux vivre.

C'est pourquoi j'ai voulu aborder plusieurs sujets d'importance dont tout citoyen devrait être au courant. Je m'adresse aux parents, en particulier, et cela à plusieurs reprises, afin qu'ils puissent mieux comprendre leurs différents rôles, dont celui de guider et de participer à l'éducation de leurs enfants.

Ce livre contient suffisamment de notions de base pour y arriver. Les professeurs pourront eux aussi utiliser, assez facilement je l'espère, certains chapitres qui devraient les aider dans la préparation de leurs cours.

Je reconnais le manque d'enchaînement entre certains chapitres de ce livre. J'ai voulu, encore une fois, m'adresser à l'ensemble de la population et couvrir arbitrairement certains principes de base plutôt que d'autres, quitte à revenir dans des séries subséquentes avec des élaborations plus approfondies.

Comme l'a dit récemment Eugen Loebl, un ancien partisan de la thèse marxiste, "tous les économistes devraient être retirés de la circulation pour cinq ans. La moitié d'entre eux pourraient ainsi repenser leurs idées, l'autre moitié, ne nuiraient plus au développement de la société."

Monsieur Loebl, anciennement ministre du commerce de la Tchécoslovaquie, enseigne présentement au collège Vassar aux États-Unis. Il croit que les problèmes d'une société évoluée ne peuvent être réglés par l'enseignement des grandes théories marxistes ou capitalistes, ni par leurs réformateurs ni par leurs détracteurs.

"Les économies socialistes ou capitalistes se retrouvent aujourd'hui sous l'emprise déshumanisée de mécanismes abstraits. Les graphiques, les courbes, les multiplications et toute cette kyrielle de chiffres passent pour une science auprès des économistes alors qu'on est en train de ruiner la société."

De conclure monsieur Loebl: "La science économique devrait être faite par et pour les êtres humains."

Je crois de plus qu'elle devrait être comprise par l'ensemble d'une société et ne pas devenir le jouet de quelques privilégiés, installés dans leur tour d'ivoire, s'amusant à bouger des pions, sans connaître, bien qu'ils ne l'avoueraient jamais, les effets et les conséquences de ces déplacements.

Lorsqu'on voit des mesures gouvernementales en contrecarrer d'autres prises auparavant afin d'arrêter un mal accru, cela signifie qu'il est grandement temps que le peuple s'en mêle.

Mais pour ce faire, il lui faut les outils. Il faut également que le peuple apprenne à s'en servir, ce qu'on n'a jamais voulu lui accorder... réellement.

Je n'ai pas la prétention, en écrivant ce livre, d'avoir dépoussiéré au complet le coffre à outils, mais je crois qu'il y en a suffisamment pour vous aider à ouvrir la porte fermée depuis trop longtemps.

Lorsque la voie devient dégagée, il est plus facile de reconnaître l'importance des gens ordinaires dans la préparation de toute politique économique. C'est alors qu'on arrête de prendre pour acquis l'ensemble de la population et qu'on commence à lui prêter l'attention voulue.

La masse de robots ne veut plus être hypnotisée: elle veut respirer librement, jouir de ses sentiments, exprimer ses aspirations. Elle en a assez d'être téléguidée. Pour y arriver, il faudra lui expliquer les règles du jeu et s'assurer que leur application soit identique pour tous, sans parti pris ni favoritisme.

C'est pourquoi ce livre s'adresse au quatre-vingt-dix pour cent de la population qui ne possède aucune notion de base en économie. J'ai tenté de m'en tenir à des termes clairs et à la portée de tous.

Aussi, chers lecteurs, vous devriez être en mesure de juger des capacités et du sens des responsabilités de nos principaux dirigeants. Ce sera alors à vous de décider si ces derniers nous rendent réellement service, selon vos critères et vos aspirations, et non de par les ambitions des "autres".

Je suis profondément reconnaissant à Andrée Sabourin pour les nombreuses soirées et fins de semaine qu'elle a consacrées à corriger et rédiger une grande partie de ce bouquin.

À Lucie Lavoie, j'adresse mes remerciements pour les efforts plus que méritoires déployés afin de dactylographier et de redactylographier des textes illisibles.

Je dois une reconnaissance toute particulière à Yvonne Khoury qui a complété avec minutie la présentation du manuscrit.

L'efficacité, la dextérité et la rapidité de ces trois collaboratrices ont permis dè rencontrer des délais souvent très brefs.

Je remercie également un ami de longue date, Yves Descôtes, pour m'avoir fait bénéficier de ses nombreuses réflexions.

Je me sens également une dette de reconnaissance envers Claude Brie et Pierre Malboeuf, tous deux caricaturistes à Télé-Métropole, qui m'ont permis de conserver leurs chefs-d'oeuvre. Leurs talents ont été un grand atout dans la réussite de la première série de l'émission télévisée "L'or et l'argent". Il aurait été dommage que nos lecteurs ne puissent apprécier ces tableaux.

Je m'excuse auprès de mes voisins de les avoir dérangés certaines nuits. S'ils n'ont pu dormir, ce n'est pas à cause de l'intensité de *ma lumière ni des étincelles de mes idées, mais tout bonnement par suite du bruit infernal de ma vieille dactylo de laquelle je ne peux et ne veux me départir...*

Michel D. Lecours

Chapitre 1
L'or et l'argent: leur histoire passée et à venir

I — L'or

Un métal qui défie le temps

Depuis le début de l'histoire de l'homme, des civilisations sont disparues, des empires et des puissances se sont écroulés, d'immenses richesses se sont évaporées, les siècles passent, des monnaies disparaissent, d'autres surgissent, mais l'or, lui, demeure et semble éternel, indestructible, défiant les temps et les gouvernements.

Sa beauté, son aspect mystérieux et ses multiples utilisations en font le métal le plus recherché, le plus surveillé, le plus sûr aussi. On envie celui qui le possède. On lui fait depuis toujours tellement confiance qu'à toutes les époques on s'en est servi comme base de différentes monnaies, dont le dollar américain.

Quatre mille ans avant J.-C. déjà, les rois faisaient entasser de l'or dans des cachettes par leurs esclaves. Les Perses, les Grecs, les Romains et les Carthaginois se battirent afin de le conquérir.

Croyant qu'ils pouvaient défier le temps, des hommes politiques, des religions ont bâti leur puissance et leur pouvoir sur l'accumulation de trésors en or et en argent. Le rôle de l'or en tant que monnaie est ancien, puisque la première pièce d'or fut frappée par Crésus, roi de Grèce en l'an 550 avant J.-C.

Au 15e siècle, le voyage de Colomb en Amérique fut le signal de recherches effectuées par la France, l'Espagne, le Portugal et la

Grande-Bretagne pour augmenter leurs réserves d'or. Au 19e siècle, la Californie, le Klondike et le sud du Pays de Galles ont contribué à sa légende de métal merveilleux.

L'or est malléable et bon conducteur. Une once d'or peut couvrir une couche de 100 pieds carrés (9 m^2), ou produire un fil de 50 milles (80 km) de long ou encore servir à plaquer un fil de 1 000 milles (1 600 km). Il peut être aplati à un tel point qu'on peut en mettre 250 000 feuilles dans une épaisseur de 2,5 centimètres (un pouce). Si vous préférez, on peut obtenir une couche d'or d'une épaisseur de 0,000005 pouce soit 5 millionièmes de pouce.

La malléabilité de l'or a été découverte par les Égyptiens, il y a plus de 6 000 ans. Ce sont eux d'ailleurs qui ont développé la technique d'étirage de l'or à l'infini ou presque.

Réellement rare?

Saviez-vous qu'à notre époque il se coule plus d'acier dans une seule journée qu'il ne s'est fondu d'or depuis le début des temps, à moins que des extra-terrestres ne soient venus avant nous sur terre pour la dépouiller de son précieux métal.

Même si, tout compte fait, une petite quantité d'or a été extraite de notre planète depuis l'apparition de la race humaine (moins de 90 000 tonnes), ce précieux métal s'y trouve malgré tout en assez forte quantité, surtout dans les océans. Cependant, le coût de son extraction reste prohibitif. L'exploitation de tout champ aurifère exige la manipulation de trois tonnes de minerai pour obtenir une seule once d'or! C'est la raison pour laquelle l'or reste si rare et si cher depuis l'époque où les Incas du Pérou (15e siècle) en couvraient leurs murs et l'utilisaient pour leurs objets les plus usuels.

C'est justement sa rareté qui a poussé des despotes à interdire à leurs sujets d'en posséder, sous quelque forme que ce soit. Les Pharaons confisquèrent tout l'or disponible en le déclarant propriété royale. Pour eux, ce métal jaune et brillant était associé au dieu soleil, donneur de vie. Plus près de nous, nos voisins américains, si fiers de leur liberté et de leur système démocratique, n'ont pas eu le droit, pendant plus de quarante ans de posséder de lingot d'or ou tout autre forme d'or à l'état pur. Ce n'est que depuis le premier janvier 1975 que les Américains peuvent légalement acheter, vendre ou détenir, chez eux ou à l'étranger, ce métal tant désiré.

Si le peuple américain ne pouvait acheter ou conserver de l'or, le Trésor des États-Unis a cependant su se garnir: selon le Gold Information Center de New York, 25% des réserves mondiales (pays non-communistes seulement) sont enfouies à 80 pieds (24 m) sous terre sous la rue Nassau à New York, dans les voûtes de la Federal Reserve Bank of New York! On peut y trouver plus de 300 millions d'onces; à $300 l'once, cela nous donne une valeur d'environ $90 milliards en monnaie américaine. Si cela vous donne des idées, que diriez-vous de demander l'autorisation au Président Carter d'y tourner un film? On pourrait également demander l'aide des gouvernements fédéral et provincial et profiter d'un abattement fiscal gigantesque...

Toujours aux États-Unis on sait qu'à Fort Knox, les réserves officielles du gouvernement contiennent 140 millions d'onces, environ la moitié des réserves américaines.

Les grands producteurs

Grâce à la découverte du Rand Reef, il y a moins de cent ans, l'Afrique du Sud produit 700 tonnes métriques par année, soit la moitié de la production mondiale. L'URSS vient en deuxième place, tandis que le Canada se classe troisième avec à peine 4%, suivi des États-Unis, avec un peu plus de 2%.

Grâce aux techniques modernes, les mineurs d'Afrique du Sud peuvent descendre jusqu'à trois milles (4,8 km) de profondeur sous la croûte terrestre. On pense que les réserves sud-africaines pourraient atteindre deux autres milles (jusqu'à 8 km) en profondeur tandis que le filon aurait une longueur de 300 milles (480 km).

L'or, lors de son extraction, est pur à 88%. Il est mélangé à d'autres métaux, tels que l'argent, le cuivre, le plomb ou le zinc. On doit le purifier afin qu'il atteigne la perfection, soit 99,6%, mesure de pureté reconnue par le commerce international.

Le symbole de l'or est Au, du latin *Aurum* qui représente Aurore, la déesse du matin qui ouvrait les portes au soleil.

Les bijoux

L'or est un symbole de l'amour éternel. Traditionnellement, l'alliance qu'on échange en se mariant est en or. On dit que cette tradition de l'alliance en or provient de la croyance qu'une artère se rendait directement du majeur de la main gauche au coeur.

À travers le monde, les bijoux emploient 1 000 tonnes d'or par année. Les critères de perfection et de finesse du produit varient selon les pays. Ainsi, en Suisse, en France, en Italie et en Espagne, on utilise couramment du 18 et du 22 carats tandis qu'aux États-Unis et au Canada, on achète surtout le 14 carats.

Le minimum de carats permis en France et en Italie est 18 tandis qu'en Angleterre, on accepte le 9 carats et aux États-Unis le 10 carats. Le 24 carats est pur, mais il est considéré comme trop mou pour servir à faire des bijoux.

Le carat est divisé en 24 parties. Ainsi, dans un 18 carats on retrouve 18 parties en or et 6 parties d'un autre métal. Dire d'un bijou qu'il est en 18 carats (symbole: 18k) veut dire que sa composition est pure à 75%, qu'il contient 18 parties d'or sur 24.

L'or multicolore

La plupart des bijoux en or contiennent aussi deux autres métaux afin de conserver leur couleur naturelle et augmenter leur dureté. Le cuivre et l'argent sont les principaux "cousins" de l'or.

Si vous voulez obtenir de l'or blanc, vous allierez l'or avec du zinc, du cuivre et du nickel. Vous obtiendrez de l'or vert en y ajoutant de l'argent. Une solution au cuivre vous donnerait un or aux joues roses. Vous avez maintenant suffisamment de recettes pour vous amuser à cuisiner des bijoux.

Utilisation industrielle de l'or

En plus d'être un excellent conducteur de l'électricité, l'or résiste à la corrosion. Son usage est particulièrement précieux en électronique. Il est également utilisé en médecine pour les traitements des rhumatismes, des ulcères et de certains cancers.

L'industrie de l'emballage, surtout pour les contenants en verre, et, dans un autre domaine, l'astronomie font appel à ses qualités réfléchissantes. Une simple couche de six millionièmes de pouce (15 millionièmes de centimètre) d'or réussit à réfléchir les rayons brûlants du soleil.

Aujourd'hui, les vitres des fenêtres des nouveaux édifices sont recouvertes d'un léger film d'or tout comme la dentition de votre tante Eulalie autrefois.

II — L'argent

L'argent brille aussi

Ce métal, quoique moins glorieux que l'or, est également très convoité aux époques de spéculation: changements économiques, climats politiques incertains ou encore manque de confiance dans le monde des affaires.

Depuis trente ans, la consommation d'argent dépasse la production. La dernière décennie a vu une nouvelle vague spéculative sur les prix de l'argent. L'inflation combinée à une demande excédant l'offre sont les deux causes principales de cette spéculation. La dévaluation des monnaies dans une cinquantaine de pays importants depuis 1965, ainsi que la disparition de l'argent dans la fabrication des pièces de monnaie, ont aussi contribué à la fièvre du métal argenté.

Les Grecs ont frappé la première pièce d'argent 600 ans avant J.-C. Depuis, les sages ont toujours eu recours à l'argent comme protection financière dans les périodes difficiles ou incertaines.

Tout comme l'or, l'argent possède la beauté, la rareté et la durabilité. Ses utilisations sont nombreuses et il est accessible à un plus grand nombre de citoyens à cause de son prix moindre.

Une once d'argent peut produire un fil de près de trois milles (4,8 km). Dans un espace d'un pouce (2,5 cm) d'épaisseur, on peut aplatir l'argent suffisamment pour y glisser mille feuilles (ce qui représente tout de même 250 fois moins que l'or).

Ce métal est aussi réfléchissant, bon conducteur de la chaleur et de l'électricité. C'est un bon compagnon pour un mariage avec un autre métal. Il résiste à la rouille, la corrosion, et il est inaltérable. Seul l'or résiste plus que lui à la corrosion.

L'argent est indispensable en photographie et environ le quart de sa production est destiné à cette activité. Les appareils électriques et l'électronique ont de plus en plus recours à ses qualités de conductibilité et de durabilité. Les foreuses et les roulements à bille sont constitués d'argent. Il est très utilisé dans l'industrie chimique où il sert de catalyseur. Dans l'industrie mécanique, on l'utilise pour les contacts des boutons-pressoir, les tapis, le pressage permanent, l'anti-gel et il entre dans la fabrication de différents produits à base de plastique.

Les bijoux, les objets d'art en argent, l'argenterie excitent la convoitise de bien des gens depuis l'aube de la civilisation.

En médecine, l'argent est idéal à cause de sa résistance à l'acide et de son caractère non toxique; c'est pourquoi on peut l'introduire et le laisser indéfiniment dans le corps humain sans risque de réactions. Pendant plusieurs années, les médecins injectaient une goutte d'une solution de nitrate d'argent dans les yeux des nouveaux-nés afin de diminuer les risques de cécité et cette pratique existe peut-être encore dans certains pays.

Les industries

Bien que l'argent entre dans la composition de nombreux produits, son coût ne représente qu'une petite fraction de celui du produit fini. En électronique, par exemple, une laveuse ou un séchoir de $400 ne contient qu'un dollar d'argent. En photographie, une once d'argent peut produire 100 pieds carrés (9 m^2) de film.

Comme on peut le constater, même si le prix de l'argent double, triple ou quadruple, le coût final du produit ne s'en ressent que très peu. Ce qui veut dire que la demande pour une plus grande utilisation de ce métal pourrait s'accroître indéfiniment même si le prix de l'argent montait. On peut dire la même chose pour les objets d'art, l'argenterie ou les bijoux dont la valeur est directement reliée à la quantité et au prix de l'argent.

La production d'argent

La plupart des gros gisements en argent se retrouvent près de la croûte terrestre. Il faut souligner également que 70% de l'extraction mondiale d'argent est un sous-produit du plomb, du zinc et du cuivre. C'est ce qui explique que depuis deux générations la production de l'argent est de beaucoup inférieure à ces trois autres minerais. Si on n'extrayait plus ceux-ci, très peu d'argent serait produit.

Une période de cinq à sept ans est nécessaire afin de mettre en marche une nouvelle mine d'argent. Indépendamment de la hausse du prix de l'argent, d'ici plusieurs années, il est peu probable que la production augmente sensiblement. Par contre, les tentatives de récupération de l'argent se sont intensifiées depuis le début des années 1970 et augmenteront sans aucun doute avec toute hausse sensible du prix. Mais, avant plusieurs années, il serait impensable de croire que cette récupération puisse compenser pour la différence entre la production et la consommation.

Il est fort probable que vers les années 1980 nous aurons une pénurie de ce métal.

III — Comment investir

On compte cinq possibilités d'investir dans l'or ou l'argent. L'or pour sa part, devient une monnaie d'échange: partout dans le monde, il apparaît comme une protection contre la dévaluation possible d'une monnaie quelconque. Ainsi, les Européens qui ont été obligés de quitter leur pays pour une raison ou une autre ont emporté avec eux des objets d'or afin de les revendre au cours de leur périple. Plus près de nous, dernièrement, des Iraniens, par exemple, ont emporté beaucoup d'or sous forme de bijoux.

Entre 1933 et 1971, le prix officiel de l'or a été fixé à $35 l'once, (en monnaie américaine) ce qui n'empêcha pas les spéculateurs de porter le prix à $42 à la fin de 1971 sur le marché de Londres. Le London Gold Market fixe le prix de l'or deux fois par jour et est reconnu internationalement à cette fin. Moins de huit ans plus tard, le prix de l'or atteignait $365 (en devises canadiennes).

Les avantages d'un investissement en or ou en argent résident dans le fait que leur quantité en est limitée. Contrairement à la monnaie, on ne peut tout simplement pas en imprimer à volonté. Il faut travailler pour le trouver et travailler pour le produire. Il n'y a aucun politicien ni aucun fonctionnaire dans le monde qui puisse changer quoi que ce soit à la quantité disponible et à la valeur de l'or et de l'argent. De même, aucun gouvernement ne peut les dévaluer. L'or et l'argent sont donc à l'abri d'éventuelles fantaisies gouvernementales. Même les États-Unis ont dû plier l'échine devant la force mondiale de l'or et de l'argent. Ces deux métaux gardent leur valeur de garantie depuis trois siècles.

Les lingots

La façon la plus directe d'investir en or ou en argent est d'acheter le métal même qui est vendu en lingot. Il s'agit du moyen le plus économique, mais aussi le moins pratique parce qu'il devient plutôt encombrant. Posséder quelques briques d'or ou d'argent dans son sous-sol peut devenir embarrassant! De plus, les lingots ne rapportent aucun intérêt ou dividende. [1]

Les compagnies minières

Un deuxième moyen serait de devenir actionnaire d'une compagnie minière dont les activités seraient concentrées dans la production du métal jaune ou blanc. L'avantage d'un tel investissement est qu'on peut facilement l'acquérir ou s'en départir. L'achat ou la vente des actions d'une compagnie à la bourse se fait en quelques minutes. Vous recevez de plus des dividendes trimestriels.

Le plus grand désavantage de cette forme d'investissement est qu'il ne dépend pas exclusivement de la fluctuation du prix de l'or, mais aussi du comportement de la bourse en général et aussi de la façon dont est administrée la compagnie dont vous détenez des actions.

En d'autres termes, lorsque vous investissez dans des compagnies minières, en plus des facteurs concernant directement l'or et l'argent, vous devez tenir compte de la performance anticipée du marché boursier et aussi de la façon dont la compagnie est dirigée.

Au Canada, si vous voulez détenir des actions de compagnies aurifères, vous avez le choix entre Campbell Red Lake, Dickenson Mines, Pamour, Giant Yellowknife et Agnico-Eagle. Ailleurs, dans le monde, nous tenons à souligner qu'il existe de nombreuses entreprises sud-africaines qui ont depuis bien longtemps payé des taux de dividendes élevés et qui ont évidemment progressé avec les hausses du prix de l'or. Les courtiers montréalais pourraient vous venir en aide à ce sujet. Quant à l'industrie de l'argent, la seule vraie compagnie au Canada se limite à la United Keno Hill, enregistrée à la Bourse de Toronto.

Les pièces de monnaie

Comme on le sait, le Canada a émis des pièces d'or pour les Jeux Olympiques, le jubilé de la reine Elizabeth II et pour marquer l'Unité canadienne. La pièce frappée pour le jubilé de la reine a grimpé de 70% en un an.

Ces pièces numismatiques possèdent une valeur additionnelle à cause de leur attrait artistique et de leur rareté. Vous payez évidemment une prime sur la valeur réelle de la pièce qui possède toujours une valeur de base légale. En plus, vous pouvez compter sur la valeur du contenu de la pièce. Ainsi une pièce d'or de $100 aura toujours une valeur de $100 en monnaie légale. Mais, il pourrait arriver que son contenu en or, par suite d'une hausse du coût de l'or, dépasse la valeur de la monnaie légale. Sa rareté et la demande des spéculateurs ainsi que des numismates peuvent hausser sa valeur marchande.

Soulignons ici qu'indépendamment de la valleur du dollar canadien, une pièce de monnaie en or vaudra toujours son pesant d'or dans quelque pays que ce soit.

Parmi les pièces de monnaie les plus populaires, il y a le Krugerrand de l'Afrique du Sud. Plus de six millions de pièces ont été frappées en 1978 pour une valeur de $1 300 000 000 (un milliard trois cents millions de dollars américains). La presque totalité de cette production se vend à l'étranger, aux Américains et aux Allemands surtout. Les ventes domestiques sont pratiquement éliminées afin de stimuler la balance des paiements. Le Krugerrand ainsi nommé en l'honneur de l'ancien président Paul Kruger, est frappé en 22 carrats. Bien qu'il existe depuis 1970 seulement, le Krugerrand a surpassé le British Sovereign, qui a été la pièce la plus populaire pendant plus de 150 ans, le 50 pesos mexicain et la 100 couronnes d'Autriche, autres pièces d'or très recherchées.[2]

Le marché à terme

Le quatrième outil disponible aux investisseurs se trouve dans le marché à terme ou le "market future" qui consiste à prendre des contrats avec livraison trois, six ou neuf mois plus tard. C'est un outil réservé aux spéculateurs et aux connaisseurs qui doivent suivre l'évolution des prix et des marchés presque quotidiennement.

Si vous prévoyez que le prix de l'or va grimper d'ici trois ou quatre mois, vous achetez un contrat (400 onces) avec livraison dans six mois. Vous ne déboursez que 10% à l'achat mais il vous faudra vous assurer que la valeur demeure pendant la durée du contrat à 10% du montant de l'achat, soit $100 000 ($250 l'once). Si vous avez vu juste et que les prix montent, vous pouvez vendre votre contrat avant l'expiration de celui-ci et vous réalisez un profit. Remarquez que le rapport entre les profits et les investissements devient très intéressant parce que vous avez déboursé très peu d'argent comparativement à la valeur totale de votre achat. Évidemment, lorsque le marché joue contre vous, vous perdez en conséquence.

Au contraire, si vous pensez que le prix de l'or ou de l'argent va tomber, vous vendez alors un contrat avec livraison dans trois, six ou neuf mois. Si le marché joue en votre faveur, vous achetez à une date ultérieure afin de réaliser votre profit. Si le marché joue contre vous, vous devez quand même acheter avant le mois spécifié dans le contrat afin de livrer ce que vous avez vendu quelques mois auparavant.

Vous comprenez maintenant pourquoi cette méthode est réservée strictement aux connaisseurs ou à ceux qui prétendent l'être, mais qui ont la chance d'avoir les moyens d'encourir les pertes.

Objets d'art et bijoux

Il existe une dernière façon de profiter de l'augmentation du prix de l'or et de l'argent, il s'agit tout simplement d'acheter des objets d'art ou des bijoux en or ou en argent. Ces pièces prennent invariablement de la valeur chaque fois qu'il y a changement vers la hausse dans les prix de l'or et de l'argent. Cependant, surtout pour les bijoux, l'effet reste minime à cause de la petite quantité impliquée.

Les arabes et l'avenir de l'or

Les réserves américaines atteignent environ 300 millions d'onces, mais comme on le sait, les États-Unis ont dû vendre beaucoup d'or dernièrement, et continuent à le faire afin de renflouer leur balance de paiements (sans beaucoup de succès); celle-ci accuse un déficit annuel de 20 à 30 milliards de dollars.

Il est toujours question que les pays arabes, membres de l'OPEP, exigent d'être payés avec une monnaie autre que le dollar américain. Il a même été question que les paiements se fassent en or. La principale inquiétude des Arabes se trouve dans la faiblesse du dollar américain depuis 1971.

L'argument des Arabes consiste en ceci qu'ils sont payés avec des dollars dévalués alors qu'ils doivent se procurer de la marchandise en Europe et en Amérique à des prix soufflés par l'inflation.

Ce raisonnement dont on ne peut rejeter le bien-fondé a provoqué une hausse de 15% des prix du pétrole au début de l'année 1979. De plus, le Sheikh Ahmed Yamani, ministre du Pétrole de l'Arabie Saoudite, a déclaré en janvier 1979 que le prix du baril pourrait surpassé $20 (en devises américaines) en 1985, soit une hausse de $7 ou plus de 50% comparativement au prix de 1978.[3]

Depuis l'embargo de 1973, les Arabes ont constamment averti les Européens et les Américains surtout qu'ils devaient diminuer leur consommation de pétrole et trouver les dérivés. Malgré la hausse précipitée des prix, les Nord-Américains n'ont pas encore appris à diminuer le gaspillage du pétrole et sont encore loin d'utiliser d'autres moyens pour satisfaire leurs besoins en énergie. Ils sont les plus grands consommateurs de pétrole du monde et, évidemment, les plus affectés. Toute augmentation du prix provoque chez eux une inflation difficile à contrôler et leur balance commerciale en souffre énormément.

Ces raisons expliquent en grande partie la faiblesse du dollar américain et les Arabes en sont conscients. C'est pourquoi ils essaient de se protéger contre un dollar américain dévalué.

En plus d'évoquer la possibilité d'une nouvelle monnaie d'échange, les Arabes ont acheté beaucoup d'or depuis 1976 et ont investi massivement dans certaines compagnies de base aux États-Unis.

Ainsi en 1975, l'Arabie Saoudite a acheté une tonne métrique d'or ce qui équivaut à plus de 32 000 onces. Par contre, en 1976 et 1977, ses achats s'élevaient respectivement à 17 et 14 tonnes. Il faut souligner que l'argent arabe est placé dans de nombreux centres financiers, mais surtout concentré à Zurich, Frankfort, Londres et New York. Il est plus que probable que les achats réels en or des pays arabes dépassent largement les statistiques connues.

La hausse dans la fabrication des bijoux en or suit la même tendance. En 1975, dix tonnes métriques servaient à cette fin en Arabie Saoudite comparativement à quarante tonnes pour chacune des deux années suivantes.

Comme on peut le constater, les Arabes ont appris à se protéger contre la dévaluation, même s'ils se plaignent souvent de la faiblesse du dollar américain et de son taux d'inflation élevé.

Depuis environ vingt ans, les pays arabes ont envoyé leurs fils étudier dans les meilleures universités américaines. Ces étudiants sont rentrés dans leurs pays avec la science, la technique et le savoir-faire américains dans le domaine des affaires, si bien que non seulement beaucoup d'Arabes pourraient maintenant en apprendre aux Américains, mais ils possèdent maintenant un avantage marqué et incontestable: des milliards de dollars entrent chaque année dans les coffres de leurs États respectifs. Cependant, faute de planification, ils ont commis nombre d'erreurs au départ en dépensant beaucoup trop.

Certains pays devront emprunter pendant quelques années encore, mais certains, comme l'Arabie Saoudite et le Koweit, montrent déjà les signes d'un développement économique et social qui devrait exciter la convoitise de tous les autres pays, même parmi les plus industrialisés.

Si vous deveniez demain un stratège arabe, ne seriez-vous pas tenté d'accumuler tout l'or et l'argent possible afin de contrôler les deux métaux les plus précieux sur terre? En effet, à quels autres formes d'approvisionnement pourrait-on penser?

Le sucre? Vous pouvez tout perdre à cause de l'humidité.

Le blé? Il peut moisir.

Le bois? Il peut brûler.

Les légumes? Ils sont périssables.

Une armée bien équipée? Le Shah d'Iran a dû s'exiler en dépit d'une des armées les plus puissantes du monde.

D'autres métaux? Tout le monde en a, sauf le platine, mais il n'est pas aussi pratique et coûte trop cher.

Les diamants? Il faut les vendre et en période de récession, leur valeur décroît énormément.

Que reste-t-il? Un passe-partout universel: L'OR ET L'ARGENT.

Conclusion

Il est donc important de comprendre qu'en plus d'être un investissement, l'or et l'argent remplissent un rôle défensif en tant que protection contre la dévaluation d'une monnaie.

Les Américains et les Canadiens qui ont investi dans l'or et l'argent au cours de la décennie 1970 se sont non seulement protégés contre les différentes dévaluations de leur monnaie respective, mais ont aussi réalisé des gains appréciables.

Cependant, entre 1977 et 1978, l'exemple ne peut s'appliquer aux Allemands, aux Japonais ou aux Suisses car pour eux, il n'y a pas eu d'augmentation réelle du prix de l'or ou de l'argent. Comme les prix sont cotés en dollar américain, la dévaluation de ce dernier comparativement au mark, au yen et au franc suisse a rongé les hausses du prix de ces métaux précieux.

Leur prix n'a rien à voir avec l'offre et la demande. Il varie selon le jeu de pression créé par la psychologie, la confiance, la tournure des événements politiques, les changements économiques et la spéculation qui en découle. Ces deux métaux ont de très grandes qualités, de nombreux avantages et ils sont fiables. Il s'agit d'apprendre comment et quand les utiliser.

(1) La Banque de Nouvelle-Écosse et le Guardian Trust émettent des certificats. Les frais pour la garde des valeurs en or s'élèvent à $10 par année.

(2) Le 20 francs Napoléon a connu une hausse de 50% entre janvier et août 1979. Le Canada émettra cette année une nouvelle série de pièces de monnaie en or en plus de la pièce commémorative de l'Année de l'Enfant.

(3) La prédiction du Cheik Yamani s'est réalisée six mois plus tard et six ans plus tôt que prévu. En juin 1979, les prix fixés par les membres de l'OPEP variaient entre $18 et $22, pour une augmentation moyenne de 40%. Plusieurs millions de barils de pétrole ont été vendus à $25, $26 et $28. Quelques économistes et analystes prévoient des prix variant entre $50 et $70 le baril vers les années 1985.

Chapitre 2*
La multiplicité des monnaies d'autrefois et les premiers échanges financiers en Amérique du Nord

Comment nos premiers colons transigeaient entre eux

Les circonstances qui ont entouré la naissance de la monnaie sont inconnues et se prêtent à toutes les conjectures.

Certains sont d'avis que la monnaie fut inventée pour remplacer le troc dès que l'homme se rendit compte que l'échange d'un article contre un autre était un procédé inutilement encombrant. On prétend qu'en conséquence il en vint à choisir des objets très recherchés ou très rares, ou des denrées de longue durée, comme valeur-type à laquelle pourrait se comparer tout autre article et qui serait acceptée en échange de celui-ci. Ces objets — verroterie, coquillages, cailloux, hameçons, céréales et bétail, pour n'en nommer que quelques-uns — ont tous servi de numéraire à une époque ou à une autre.

Les conjectures sur l'origine de la monnaie se compliquent en outre du fait du nombre très varié des régimes et unités monétaires.

---

* Chapitre extrait de l'*Histoire de la monnaie au Canada,* excellent ouvrage de recherche publié par la Banque du Canada.

Certains objets primitifs représentant une valeur monétaire étaient appréciés selon leur poids, mais d'autres, qui revêtaient la forme de récipients, valaient suivant leur capacité. Certaines unités monétaires ornementales de petites dimensions furent acceptées comme monnaie parce qu'elles étaient faciles à transporter même en grandes quantités, tandis que d'autres étaient énormes au point de pouvoir à peine être remuées.

D'autres unités monétaires employées comme étalons étaient purement imaginaires et n'existaient nulle part. Ainsi, dans une île du Pacifique en particulier, la monnaie revêt toujours la forme de pierres que leurs propriétaires n'ont jamais vues parce qu'elles reposent au fond de l'océan. Cette valeur étrange change de mains par simple convention. Le riz, le sel, les tissus, des barres métalliques, des baguettes et même (jusqu'à une époque toute récente) des épouses ont servi à remplir quelques-unes des fonctions de la monnaie. Même en des pays où le papier-monnaie et les pièces frappées ont cours ordinairement, on a vu des articles domestiques tels que les bas nylon et les cigarettes remplacer le numéraire. Et même récemment (1976) en Italie, à la suite de l'inflation et d'une pénurie de menue monnaie, on a vu des bonbons remplacer les petites pièces!

On peut donc conclure que la valeur et l'emploi d'un numéraire comme moyen d'échange dépendent, en fin de compte, de son acceptation par le public.

Des colliers, des flèches

Ainsi, les transactions commerciales entre Indiens s'effectuèrent longtemps au moyen du "wampoum", petit collier fabriqué avec des coquillages. Ce genre de numéraire eut cours légal dans les colonies anglaises et américaines jusqu'en 1670, mais continua à circuler parmi les colons jusqu'en 1704, et parmi les Indiens jusqu'en 1825.

D'autres articles d'un usage commun, tels que des pointes de flèches, ont servi de numéraire lors des premiers jours de la colonie en Amérique du Nord et l'usage de la fourrure à cette fin est bien connu. Les peaux de castor s'y prêtaient tout particulièrement, car elles étaient durables et d'un transport relativement facile.

D'après l'historien Adam Shortt, la monnaie sous forme de billets et pièces de métal a commencé à jouer un rôle de premier plan dans la vie canadienne dès 1645. Jusqu'à cette époque, les Indiens échangeaient leurs fourrures contre de la marchandise. Les quelques pièces de monnaie alors en circulation venaient de France et étaient souvent mutilées. On rencontrait aussi certaines pièces d'origine anglaise, espagnole, portugaise et mexicaine, mêlées aux louis d'or et d'argent français.

La monnaie la plus inusitée fut, sans doute, la fameuse "monnaie de carte", émise pour la première fois en 1685 par les chefs de la colonie française. Considérée simplement à l'origine comme un remède saisonnier pour permettre aux établissements coloniaux d'obtenir des marchands les approvisionnements nécessaires avant l'arrivée des fonds attendus de France, cette monnaie consistait en des cartes à jouer coupées en quatre et portant le sceau du trésorier et la signature du Gouverneur et de l'Intendant.

La monnaie de carte avait l'avantage de ne pas sortir des territoires coloniaux, ce qui remédiait à la disette de monnaie domestique. Par contre, l'inconvénient était qu'elle n'était pas acceptée dans le règlement des transactions commerciales en dehors de la Nouvelle-France. Comme la balance du commerce était toujours au détriment des colonies, on accordait une faible valeur à la monnaie de carte et l'écart s'aggravait de plus avec la valeur surfaite qu'on donnait aux pièces de monnaie française. Par ailleurs, elle présentait un autre avantage aux yeux des autorités coloniales: chaque fois que l'intendant avait besoin d'argent, il pouvait sur-le-champ en émettre de nouvelles quantités.

Les premières dévaluations

En 1759, après la chute de Québec, le gouvernement français répudia les obligations que constituait la monnaie de carte. Plus tard, les gens apprirent que les autorités britanniques s'efforçaient de liquider la monnaie de carte au moyen d'une entente avec la France. Pourtant, tout échange commercial entre colons anglais et français était interdit depuis bien longtemps. De fortes spéculations s'ensuivirent (on spéculait déjà à cette époque-là) et une forte partie des cartes fut rachetée à un quart environ de leur valeur nominale.

À la même époque, les autorités du Massachussetts se servaient de la monnaie française et d'un étalon français dans leurs transactions avec les Acadiens, mais elles utilisaient "l'argent de Boston" pour les négociations effectuées à l'intérieur de la garnison lorsqu'il s'agissait d'obtenir des approvisionnements de la Nouvelle-Angleterre. Les comptes auprès du gouvernement britannique étaient tenus en sterling.

Malgré ces trois modes de comptabilité assez distincts, le commerce continuait à employer un amas de pièces et de papier-monnaie venus de presque tous les coins du monde. Les difficultés de change résultant de l'emploi de ces unités variées entraînèrent finalement une demande d'étalonnage de la valeur des devises étrangères.

L'unité monétaire n'existait plus

Cette demande mena à une estimation des diverses unités monétaires connues sous le nom de "monnaie d'Halifax", peu après que ce nom d'Halifax eût été donné à Chebouctou en 1749. Puis ce mode de règlement fut aussi accepté par Boston et New York aussi bien que Montréal et continua à influer sur les opérations monétaires canadiennes jusqu'en 1860. Néanmoins, la création de la "monnaie d'Halifax" ne réussit pas en elle-même à compenser la rareté de petites pièces requises pour les transactions journalières.

Pendant ce temps, la compagnie de la Baie d'Hudson avait, quant à elle, trouvé sa solution: ses propres jetons en cuivre constituèrent l'unité monétaire du commerce de la fourrure pendant de longues années. Le jeton le plus gros valait la peau d'un castor mâle adulte, en bon état. Des jetons plus petits représentaient la moitié, le quart ou le huitième d'un castor parfait. Ainsi, le trappeur recevait un certain nombre de jetons, représentant la valeur de sa chasse, et il s'en servait pour faire ses achats au magasin même de la Baie d'Hudson.

Le premier effort sérieux destiné à introduire la pratique bancaire en Amérique britannique du Nord remonte à l'année 1792. Une émission de quelques billets de 5 shillings faite par la Canadian Banking Company reste le témoin de cette première tentative. La création de cette banque eut surtout pour but d'assurer une émission de papier-monnaie digne de confiance. Malgré l'existence des billets précités, rien ne prouve que cette institution ait réellement opéré.

Vingt-cinq ans plus tard, une banque ouvrait ses portes à Montréal et obtenait une charte provinciale en 1822. On notera que sa première émission de monnaie fut faite en dollars espagnols. En effet, une des plus grandes difficultés de toute la période qui précéda la Confédération résultait du fait que l'unité officielle des comptes depuis l'année 1759 était le sterling, bien que cette devise fût en réalité assez rare. Le commerce se poursuivait donc au moyen de monnaies espagnoles, portugaises et américaines, ce qui donnait lieu à d'épineux problèmes de conversion.

La multiplicité des monnaies

Ce qui rendait difficile l'établissement de banques émettrices, venait en partie des désagréments subis par les premiers colons du Canada lorsque les ordonnances et les billets des autorités françaises devenaient non remboursables ou du moins d'une valeur extrêmement précaire. Les gens étaient alors prévenus contre le papier-monnaie. L'émission de billets militaires, qui donna de meilleurs résultats dans les deux Canada pendant la guerre de 1812, contribua fortement à faire disparaître les préjugés contre le papier-monnaie.

À l'époque, le besoin de monnaie encouragea aussi une pratique adoptée par les marchands et qui consistait à émettre des "bons" qu'on employait à leur valeur nominale pour l'achat de marchandises. De 1800 à 1837, les petites pièces de monnaie en circulation furent principalement des bons émis par les marchands.

Plusieurs jetons étaient des pièces de cuivre de bonne qualité valant un ou deux sous et importés de Grande-Bretagne. Ils furent remplacés graduellement par des jetons plus minces et plus légers faits de cuivre rouge ou blanc. Les jetons des marchands furent supplantés par les jetons des banques au cours des vingt années qui suivirent, mais ils redevinrent populaires en 1855 et restèrent sur le marché jusque vers la fin du siècle. Ces jetons revêtirent aussi plus tard la forme de cartes d'affaires où étaient inscrits le nom du marchand, son adresse et assez souvent son genre de commerce.

La première émission de jetons de banque fut entreprise simultanément par la Banque de Montréal, la Banque du Peuple, la Banque de la Cité et la Banque de Québec. Elle consistait en des jetons datés de 1837 et valant un et deux sous. À plusieurs reprises, de 1823 à 1871, les provinces de la Nouvelle-Écosse, du Nouveau-Brunswick, de l'Ile-du-Prince-Édouard et de la Colombie-Britannique se mirent à frapper diverses pièces.

Les faux monnayeurs ont beau jeu

La confusion des diverses devises et pièces de monnaie du temps créa un véritable paradis pour les faux-monnayeurs.

Ainsi, avant 1837, alors que le manque de numéraire faisait accepter la monnaie de cuivre en masse, vivait à Montréal un forgeron aux moeurs déréglées. Il se forgea un coin et chaque fois qu'il désirait sortir pour s'amuser, il frappait deux ou trois dollars en cuivre, ce qui lui assurait suffisamment de monnaie pour combler ses désirs!

Un autre phénomène propre à cette époque fut la banque dite "fantôme". Ce genre d'institution était vraiment semblable à un fantôme car elle n'avait ni siège social ni même, à une ou deux exceptions près, de local reconnu. Les banques "fantômes" ne possédaient aucune charte et n'étaient pas autorisées à conclure des affaires. Elles n'avaient ni fonctionnaires, ni administrateurs, ni actionnaires. Tout ce qu'elles détenaient était du papier-monnaie. Il ne fallait évidemment pas compter sur les actifs pour garantir la valeur des billets émis. Il suffisait tout simplement de les refiler à une victime sans défiance.

La multiplicité de toutes ces monnaies, pièces, jetons, cartes, billets et autres compliquait quelque peu les achats des citoyens, tel que le rapporte l'un d'entre eux à Halifax dans l'*Acadian Recorder* en 1820, où il raconte ces mésaventures: "Ce matin, je suis allé au marché aux légumes pour y acheter des carottes, des navets, une courge et deux choux. J'avais sur moi un billet de 20 shillings. Il m'a fallu voir quatre commerçants car les trois premiers ne pouvaient combiner assez de pièces pour me rendre la monnaie. Le dernier finit par y réussir, après avoir couvert son comptoir de toute la monnaie qui me revenait, à savoir huit billets de papier, une pièce d'argent et 84 pièces de cuivre, soit en tout 93 effets différents. Et je pus enfin emporter les légumes que je venais d'acheter!"

D'une monnaie, deux pièces

Il arriva même que la valeur d'une pièce fût différente d'une région à une autre. Ainsi, au cours du 18e siècle, le gouvernement espagnol frappa une grosse pièce d'argent qui, à cause de sa circulation très étendue, prit le nom de "dollar espagnol". Vers la fin du siècle, cette pièce circulait couramment dans l'Est du Canada et aux États-Unis. Sa valeur variait suivant les centres, mais elle était plus élevée à Halifax que partout ailleurs de sorte que chaque fois que les marchands de l'Ile-du-Prince-Édouard se procuraient de ces dollars, ils les envoyaient à Halifax afin de tirer profit du taux plus élevé. La pénurie de pièces de monnaie qui s'ensuivit dans cette province amena son gouverneur à recueillir tous les dollars espagnols qu'il put et à faire percer leur centre. Les centres isolés de la sorte valaient un shilling tandis que le cercle qui restait de cette opération valait 5 shillings. Les pièces mutilées n'était évidemment pas acceptées en dehors de l'ile et par conséquent elles ne circulèrent qu'à cet endroit.

Par ailleurs, au Canada, les efforts faits pour émettre une monnaie nationale se heurtèrent longtemps au préjugé fortement ancré au sein du Trésor britannique, lequel jugeait que le droit d'émettre des devises et des pièces monétaires était du ressort du Souverain. Finalement, Francis Hincks, qui avait agi comme dirigeant de la politique financière du Canada, puis comme inspecteur général avant de devenir Premier ministre, réussit en 1858 à donner au Canada le pouvoir de régir sa propre monnaie.

Il est à noter aussi que la Loi de 1853 sur la monnaie en circulation dans les provinces du Canada établit pour la première fois l'emploi de la monnaie décimale dans les transactions. Les pièces d'or eurent cours légal illimité et l'étalon-or, dont l'adoption remonte à cette époque, persista jusqu'en 1914. La Loi de 1858 sur la monnaie exigeait l'adoption du système monétaire décimal pour tous les comptes du gouvernement. Une disposition de cette loi prévoyait la frappe d'une monnaie décimale appropriée et, pour la première fois, la valeur établie et l'effet de change se trouvèrent à correspondre exactement. Par suite de la Loi des banques de 1871, les lois provinciales relatives à la monnaie furent révoquées partout où elles entraient en conflit avec la régie fédérale. Cette loi posa en même temps les fondements d'une émission coordonnée de la monnaie par les banques et cette politique, modifiée à l'occasion par des révisions décennales, fut maintenue jusqu'en 1934. En plus de l'émission de la monnaie confiée aux banques par la loi, le gouvernement commença à mettre en circulation des billets du Dominion du Canada valant 25 sous, $1 et $2, la première de ces émissions remontant à 1870. En 1878, la pratique de signer à la main des billets de $1 et $2 fut établie et se conserva au cours de plusieurs émissions successives jusqu'en 1923. Les billets de $4 du Dominion du Canada circulèrent pour la première fois en 1882 et ceux de $5 en 1912. Des billets de coupures plus fortes destinés à la circulation générale apparurent par la suite.

Un retour en arrière

Comme on a pu le voir, le processus qui amena la création d'une monnaie nationale fut lent et coûteux. Peut-on espérer maintenant voir naître une monnaie internationale, dont le premier appui serait la valeur de réserve du Fonds monétaire international? On sait que pour leur part, les pays membres du Marché commun ont travaillé plusieurs années avant de s'entendre sur une monnaie d'échange entre tous ses membres. Cette monnaie née en 1979, se nomme "l'écu".

Par contre, une tendance contraire à l'unification se dessine peu à peu. Rappelons tout d'abord que les pays arabes ont exigé à plusieurs reprises que leur pétrole soit payé en or, en autres denrées ou encore en des monnaies non dévaluées. Que penser également des cartes de crédit et de leur multiplicité? N'est-ce pas un retour à la "monnaie de carte" ou aux jetons de la Baie d'Hudson?

Notons finalement, que dans un état américain, on assiste même aux échanges de services, qui permettent d'éviter le paiement d'impôts sur les revenus. Ainsi, un médecin accordera un examen gratuit à l'épouse d'un plombier qui se sera déplacé pour réparer une tuyauterie défectueuse. De cette façon, les deux épargnent en impôts le 40% ou à peu près qu'ils auraient payé sur les honoraires normalement exigés!

On voyait, il y a plusieurs centaines d'années, des paiements en peaux de castor ou en coquillages. Peut-être verrons-nous, dans un proche avenir, un nouveau système d'échange de services. Qu'en pense le gouvernement?

Chapitre 3
Pourquoi il faut avoir des connaissances en économie

L'économie fait partie des réalités quotidiennes que nous avons tous à affronter.

En tant que membres d'une société, nous avons tous différents rôles à jouer: celui de consommateur, de chef de famille, d'employé ou d'employeur, ou encore de membre d'une profession ou d'une association, et finalement en tant que citoyen, le rôle de votant.

Tous ces rôles nous obligent presque quotidiennement à prendre des décisions qui sont en bonne partie d'ordre économique. Il va de soi que plus nous avons de connaissances économiques, plus nous sommes en mesure de prendre de bonnes décisions et d'éviter certaines erreurs coûteuses, comme des emprunts excessifs et des achats non justifiés.

Le citoyen informé est moins influencé par la publicité abusive ou par les rumeurs sans fondement. Des connaissances suffisantes en économie font de lui un atout pour la société. En démocratie, si les notions économiques de la population sont restreintes, le taux de réussite de son économie sera bas et cette population insatisfaite. L'ex-président de la firme American Telephone and Telegraph, monsieur F. R. Kappel, déclarait à ce propos: "Si les questions économiques échappent à trop de nos concitoyens, par leur droit de vote, ils pourraient entraîner leur pays à la déchéance."

Autrefois, les mathématiques, la lecture, la religion étaient les matières importantes à l'école. De nos jours, l'économie devient de plus en plus vitale. Pourtant, en 1978, aucune province canadienne ne disposait de cours obligatoires en économie alors que 14 états américains offraient ce genre de cours d'une façon permanente aux jeunes.

En septembre 1980 , le Québec devient la première province canadienne à inaugurer des cours obligatoires en économie au secondaire V. Cependant, ces cours sont dispensés par des professeurs dont la formation n'est pas directement d'ordre économique. L'initiative mérite quand même d'être signalée. Elle sera d'autant plus valable que les professeurs impliqués prendront leur rôle au sérieux et feront vraiment un effort en enseignant le système tel qu'il est, avec ses qualités et ses défauts. Espérons que ces professeurs n'en profiteront pas pour défendre leur idéologie.

Un moyen d'influencer le comportement des gouvernements

Le citoyen éclairé peut également contribuer à l'élection d'un meilleur gouvernement. Plus de 70% des lois votées en Amérique ont des répercussions économiques. Malheureusement, il n'y a que 20% de la population qui a assez de notions économiques pour prendre ces décisions, et cela tant aux États-Unis qu'au Canada.

De la part de nos dirigeants politiques aussi, l'on déplore un certain manque de connaissances économiques, ce qui a pour effet d'entraîner les services publics à prendre des décisions onéreuses pour l'ensemble de la communauté. Une population au courant des principes de base de l'économie peut forcer ses chefs politiques à mieux se renseigner et à prendre des décisions valables pour le plus grand bien de la communauté. Des citoyens compétents sont un actif pour la société, parce qu'ils peuvent exercer une influence sur leur entourage et leur communauté. Non seulement ils peuvent guider les politiciens, mais aussi influencer le comportement de leurs dirigeants tant dans le milieu syndical que dans le milieu des associations professionnelles. Le plus bel exemple d'une telle force de pression nous est venu de la Californie dont les habitants ont contraint, au cours de l'été 1978, le gouvernement à diminuer ses dépenses de 60%. Il est probable que cette mesure sera jugée plus tard comme un peu radicale, mais n'empêche que ces citoyens renseignés étaient en mesure de juger de l'efficacité et de la productivité de leurs dirigeants.

Les connaissances économiques au Québec ont été négligées, voire même ignorées. Aujourd'hui on s'en aperçoit, demain on devra en reconnaître la nécessité.

Les facteurs qui influencent nos politiciens

Les deux principaux facteurs économiques qui influencent les décisions gouvernementales sont les groupes de pression et le facteur "temps".

1) Les groupes de pression

Quels sont les principaux groupes de pression? Le patronat, le syndicat, l'ensemble de la fonction publique et les différentes associations professionnelles.

Tous ces groupes peuvent avoir des intérêts et des politiques opposés. Ce qui peut avantager un groupe peut nuire à l'autre, et même à l'ensemble de la société. Il est donc important et nécessaire que les citoyens possèdent de meilleures connaissances économiques afin d'être conscients de la pression exercée par chacun de ces groupes. Ils pourront ainsi forcer le gouvernement à prendre les décisions qui serviront l'ensemble de la communauté et non les seuls intérêts d'une minorité. Il est donc vital que chacun d'entre nous possède un minimum de connaissances économiques afin de mieux juger les décisions des politiciens. Il ne faut pas oublier non plus que nos politiciens proviennent de notre population. Plus elle sera renseignée, plus elle augmentera ses chances d'avoir de bons chefs politiques.

2) Le facteur temps

Le deuxième facteur qui marque les décisions de nos politiciens, c'est le fait que leurs conséquences peuvent être à court terme et à long terme. Trop souvent, malheureusement, nos politiciens prennent des décisions à court terme, plus "payantes" électoralement et négligent complètement les conséquences à plus long terme.

Comme on le sait, les élections ont lieu tous les quatre ans et il est facile, c'est même une question d'opportunisme politique, de préparer des projets économiques valables pour des périodes de deux à trois ans seulement. De telles politiques peuvent paraître positives sur le moment, mais souvent faute d'études en profondeur, elles comportent de lourdes conséquences pour le développement économique.

Une bonne politique économique

C'est dans ce contexte qu'il faut comprendre qu'une bonne politique économique doit tenir compte de tous les groupes de pression et non pas d'un seul. On doit s'assurer que l'ensemble de la population n'est pas pénalisée, lorsqu'un groupe est plus favorisé qu'un autre. En plus, il faut regarder plus loin que "le bout de son nez" et, dans toute décision politique, analyser les conséquences à long terme et non pas s'arrêter aux bienfaits apparents.

Lorsque les citoyens auront compris ces principes de base et en seront convaincus, ils pourront alors forcer leurs dirigeants politiques à devenir de meilleurs administrateurs des biens publics et s'assurer ainsi de la bonne gestion des affaires de l'État.

C'est peut-être pour cette raison que certains fonctionnaires au Québec ne sont pas pressés de voir s'épanouir la diffusion des connaissances économiques. Nous traiterons d'ailleurs de ce sujet d'une façon plus élaborée dans le tome II. Cet axiome est toujours vrai: "Plus un peuple est ignorant, plus il est facile de le manipuler."

Le manque d'hommes d'affaires et le manque de connaissances économiques, n'est-ce pas là justement la faiblesse des Québécois? On pourrait toujours se demander si nous manquons d'hommes d'affaires parce que nous manquons de notions en économie ou si notre manque de connaissances économiques vient du fait que nous manquons d'hommes d'affaires. L'oeuf avant la poule? Peu importe. Nous nous devons d'encourager le développement des affaires, l'installation de nouveaux hommes d'affaires et l'épanouissement des connaissances. Ces apports permettront aux Québécois d'être mieux administrés et plus efficaces, quelles que soient leurs activités et leurs ambitions.

Chapitre 4
Des exemples coûteux de notre ignorance en matière d'économie

L'arrivée de Ralph Nader sur la scène publique américaine a vu l'apparition de nombreux organismes de protection du consommateur et des droits du citoyen. Les femmes ont formé divers mouvements, tout comme les agriculteurs et les fermières, les écologistes, les personnes âgées, etc. Puis les dernières années ont vu la multiplication de groupements de toutes sortes: les "gais", les défenseurs de la chasse aux phoques avec Brigitte Bardot; les "pour-ceci", les "contre-cela". On a même vu des "pour-vélo" dans le métro de Montréal.

Tout le monde est pour quelque chose ou contre quelque chose. C'est la nouvelle vogue. On se groupe. La politique n'y échappe pas: Pro-Canada, pro et anti-référendaire; pro-arabe, anti-palestinien, etc.

La mode vient d'atteindre son paroxysme. Il faut se grouper et se regrouper à tout prix. Les prétextes ne comptent plus et il arrive même qu'on oublie le but et les raisons de ce groupement. Les sectes religieuses ont maintenant enfanté des sectes économico-politico-sociologiques. Tel groupe ne communique plus avec tel autre. Ce dernier encourage un troisième groupe qui alors décide de ne plus communiquer avec le premier, même si à l'origine, il militait à la même cause.

La prolifération de ces groupements comporte bien souvent un danger plus réel que celui qu'on voulait éliminer au départ. Ces attroupements de tribus différentes risquent de donner des résultats opposés à ceux qu'on espérait.

Le fait que tous les conducteurs de Corvette (nous n'avons pas écrit, propriétaires) ou de Mustang se groupent pourrait bien conduire à une guerre des bolides. Voyez-vous ça, la rue Crescent réservée aux Corvette et la côte du Beaver Hall aux Mustang?

La formation de tous ces groupements, de ces sectes de la société pourrait amener de l'indifférence voire de l'hostilité entre les citoyens. Le public et les gouvernements seront tellement préocupés par les doléances de ces groupements qu'ils vont en oublier la majorité silencieuse.

Tous contre; contre tous

Le grand danger de cette nouvelle mode peut donc être l'hostilité d'un groupement envers un autre. On s'est bien moqué d'Adolf Hitler lorsqu'il prônait la supériorité de la nation germanique sur les autres nations!

Chacun de ces groupes ne pense qu'au bien de ses membres. Ils défendent les intérêts de leurs membres au détriment des autres groupes de pression et bien souvent au détriment de la population en général. Si bien que la prolifération de tous ces groupes de protection pourrait enfanter à court terme un comité de protection contre toutes ces protections. Nous deviendrons un jour tellement protégés qu'il ne restera personne pour produire quoi que ce soit. Nous pourrions fort bien manquer de nourriture, faute d'aliments non protégés.

Loin de nous l'idée de faire le procès de tous ces groupements: beaucoup sont utiles, si certains sont superflus. Il n'en reste pas moins qu'il en existerait beaucoup moins si on avait su inculquer à la population de meilleures connaissances économiques. Plusieurs organismes qui se vouent exclusivement à la protection des consommateurs et des citoyens n'auraient pas leur raison d'être si les gens étaient mieux renseignés.

Tout l'argent et l'énergie dépensés pour des activités purement défensives pourraient être canalisés vers des activités plus productives et positives. On ne bâtit rien de positif en restant sur la défensive. S'agrandir, c'est conquérir. Conquérir, c'est aller de l'avant et non se protéger ou s'enfuir derrière une barricade. Au lieu de montrer aux gens comment se protéger, pourquoi ne pas tout simplement les éduquer. Alors, ils sauraient se protéger par eux-mêmes, n'importe quand. Une question de maturité, encore une fois.

Une conversation avec M. Paul Monty, responsable de la Section des plaintes à l'Office de la protection du consommateur à Québec, nous a convaincus du fait qu'une meilleure connaissance des notions de base en économie éviterait à bien des individus de se mettre dans le pétrin. "On se fait embarquer" parce que, bien souvent, on est ignorant et qu'on n'a pas les bases nécessaires pour faire la part des choses.

Une autre rencontre, celle-là avec Me Nicole Archambault, toujours de l'Office de la protection du consommateur, mais à Montréal, nous a permis de prendre connaissance d'exemples frappants de naïveté économique.

Nous avons donc résumé ci-dessous quelques-uns des cas que nous a si patiemment expliqués Me Archambault.

Les escompteurs d'impôts

Le gouvernement vous doit de l'argent à la suite de votre rapport d'impôts. Au lieu d'attendre deux ou trois mois le chèque du gouvernement, vous pouvez encaisser une partie immédiatement. Nous disons bien une partie: de nombreux individus, au printemps 1978, ont préféré recevoir la moitié de leur dû plutôt que d'attendre deux mois de plus pour empocher le plein montant! Les "généreux" donateurs: deux compagnies qui se sont spécialisées dans ce genre d'activité et qui ont heureusement disparu aussi vite qu'elles ont apparu. Roppax Ltée, incorporé au Québec par quelques résidents de Colombie-Britannique et SNS Stores Ltd., incorporé également dans la province riveraine du Pacifique. Ces deux compagnies avaient pignon sur rue à Hull et à Montréal et avaient vu en l'espace d'un mois leur volume d'affaires atteindre $3 500 000 (chiffre évalué au moment d'une perquisition au printemps 1978). On escomptait de 50% à 75% les montants que les individus réclamaient sur leur impôt fédéral. Il est défendu au provincial de léguer ses droits à un remboursement d'impôts.

La plupart des gens qui ont rendu visite à l'une de ces deux maisons se retrouvent parmi les prestataires de bien-être social ou parmi les petits salariés, qui dans bien des cas, n'ont pas le salaire minimum requis pour être imposable. Comme le souligne Me Archambault: "L'urgence d'encaisser immédiatement ces montants ne sert même pas à des besoins vitaux. On a hâte tout simplement de s'acheter une télécouleur, une auto, une sécheuse. On oublie de calculer l'argent perdu. On vend immédiatement son recouvrement d'impôt pour la moitié de sa valeur au lieu d'attendre deux ou trois mois de plus. Ce qui est pire, cet argent sert à se procurer des choses dont on pourrait facilement se passer pendant quelques mois de plus." Est-il possible de croire, qu'en moins d'un mois, environ $3 500 000 ont ainsi été perdus par des gens déjà dépourvus financièrement?

Le 17 avril 1978, le gouvernement fédéral passait le projet de loi C-46 qui ramenait à 15% le montant devant être prélevé pour tout paiement anticipé sur un rapport d'impôts.

Un "job" au Vénézuela

Vous êtes journalier, aide-cuisinier, vous êtes prêt à travailler à ramasser différentes récoltes? Voici qu'on vous offre $19 000 par année, plus $400 par mois pour vos dépenses personnelles et plus le voyage aller-retour.

Que faites-vous?

Vous restez sceptique devant cette manne ou vous marchez.

Même les Arabes, qui sont riches, ne paient pas ça pour des postes équivalents. Pourtant, en 1977, 21 000 Québécois ont eu "leur voyage"!

En quelques mois, la Trans-World of Canada a gagné $1 500 000 en promettant du travail au Vénézuela, avant que l'escouade des fraudes de la Communauté urbaine de Montréal ne s'en mêle et ne mette un frein à ces voyages de rêve. La Trans-World exigeait $70, dont $35 pour l'adhésion au club et $35 pour les frais d'administration. Ensuite, elle se chargeait de vous trouver du travail. Les gens qui se sont faits prendre n'ont pas pris la précaution de vérifier au consultat vénézuelien la légalité de cette affaire ni même d'exiger le nom des entreprises qui devaient présumément les embaucher!

Comme il fallait s'y attendre, les $1 500 000 se sont volatilisés. Et de deux. Cinq millions de dollars de moins dans les poches de Québécois.

Arrangements funéraires

"Tout le monde veut aller au ciel, mais personne ne veut mourir" nous répète la chanson. Le sérum de longévité n'a pas encore été inventé, ce qui pousse beaucoup de gens à prévoir leur enterrement. Mais d'une manière un peu spéciale: de votre vivant on vous offre la possibilité de voir à travers une boule de cristal le déroulement de vos funérailles. Tout y est: l'inhumation, la crémation, la pierre tombale, les urnes, les fleurs au salon, les plantes au cimetière, les cartes à faire parvenir aux amis et aux "autres", les frais d'autopsie et ceux du coroner, l'utilisation de la chapelle, sa décoration, etc. On voit même aux frais de transport. Ainsi, si vous décidez de quitter ce monde à Honolulu, (quel dommage, un si beau pays) on vous ramène à Montréal: il ne faudrait pas rater un si bel arrangement, que vous avez si bien planifié!

On s'occupera de l'entretien du cimetière pour vous. N'ayez pas peur, vous n'aurez rien à faire, une fois mort. Vous n'aurez pas à vous lever la nuit pour ramasser les feuilles ni à passer l'aspirateur sur la pierre tombale afin d'y enlever la poussière. On s'occupe de tout. On prend bien soin de vous. Vous n'avez qu'à rester mort. Vous n'avez même pas à lever le petit doigt.

On vous fournira même un conseiller dès que vous mourrez. Sa principale tâche est de réconforter les membres de votre famille, de les aider dans le règlement de la succession. On veillera à ce que vos ennemis ne se tiennent pas trop près de votre tombe et on s'assurera que ceux qui ont mauvaise haleine n'y restent trop longtemps afin de ne pas vous incommoder. Vous voyez, on prend bien soin de vous. Laissez-nous le volant. Reposez-vous et détendez-vous. Vous avez un long voyage à faire.

Évidemment, il y a une note à payer: un tel contrat vous coûte environ $3 000. Le cercueil n'est pas compris. C'est ainsi qu'une compagnie s'est fait un chiffre d'affaires de plus de deux millions de dollars entre janvier et septembre 1978, dont $1 700 000 en six mois. Cette compagnie fait présentement l'objet de poursuites judiciaires. Les services qu'elle offrait dans son contrat ne lui aurait en réalité coûté que $600, alors qu'elle les vendait cinq fois plus cher!

Il existe d'autres maisons plus sérieuses qui offrent ce service et qui protègent l'acheteur en déposant les montants en fiducie. Cependant, il faut bien s'assurer que lesdits montants en fiducie le sont exclusivement pour cette fin.

Il faut en plus toujours envisager la possibilité que la maison avec laquelle vous transigez ait cessé ses activités au moment de votre décès. C'est une assurance qu'on ne peut vous fournir.

Un placement de $3 000, prix du contrat dont nous avons parlé, dans les obligations d'épargnes du Canada, émission de novembre 1978, aurait procuré en 1985 une valeur de $5 662. Ce montant aurait été largement suffisant pour couvrir des frais funéraires même luxueux (on sait que les obligations d'épargne sont encaissables en tout temps, pour leur pleine valeur, contrairement aux autres obligations ou hypothèques qui vous laissent sujet aux fluctuations du marché).

Passeports coûteux

Si vous vous procurez un livret de $24.95, vous pourrez profitez d'un rabais allant jusqu'à la somme de $2 000 dans les magasins du Complexe Desjardins. On a oublié de vous dire que pour toucher les rabais, vous devrez débourser de $5 000 à $10 000 en trois mois. Par exemple, un magasin vous accordait $25 de rabais sur présentation de votre livret à la condition que vous achetiez pour... $500. Bien souvent, d'ailleurs, l'économie réalisée de cette façon se trouvait annulée quand il y avait des soldes ou des ventes à prix intéressants valables pour tout le monde.

Le système du Passeport Complexe Desjardins Enr. a fonctionné pendant un mois jusqu'à ce que la station radiophonique CKVL et les marchands du Complexe s'aperçoivent de la fraude.

Si vous devez vous trouver devant une telle situation un jour, Me Archambault vous conseille de vérifier:

1) s'il s'agit effectivement d'un rabais;
2) quelle somme vous devez débourser;
3) si votre achat répond à un besoin, c'est-à-dire si, sans "rabais", vous achèteriez les articles en question.

Enveloppes à adresser à domicile

Aimeriez-vous gagner $250 par semaine pendant vos moments libres, dans le confort de votre foyer et sans patron dans le dos?

Petite annonce bien anodine qui peut vous inciter à écrire à une case postale. La poste vous apportera une réponse: on vous explique qu'un certain nombre de compagnies sont en train d'étendre leur programme d'expédition du courrier et ont besoin de vous pour adresser des enveloppes. À la machine, à la main, peu importe. Vous devez commencer par faire parvenir $10 à ces compagnies dans le but de recevoir une liste de noms, ceci pour éliminer les gens pas sérieux qui pourraient se débarrasser du matériel. On vous explique encore qu'on doit couvrir également les frais d'administration, soit les timbres, l'imprimerie, etc. On ne peut tout simplement pas vous envoyer cet important matériel gratuitement. On vous promet le "kit d'instructions" par le retour du courrier.

Vous envoyez vos $10 et vous recevez alors des instructions vous demandant de placer vous aussi une annonce donnant les mêmes renseignements. On vous donne une liste de noms pris au hasard et à qui vous devez envoyer le matériel d'instructions. Enfin, vous devez envoyer la moitié de l'argent reçu à celui qui vous a lui-même contacté. C'est ce qu'on appelle la chaîne ou les ventes pyramidales.

Des perquisitions dans certaines cases postales, à la suite d'annonces placées dans les journaux, ont permis de trouver des montants s'élevant à $800 par jour. Il faut croire qu'il y a encore des gens qui croient au Père Noël!

Plans de bourses universitaires

Ce plan est simple. Il s'agit de mettre de l'argent de côté afin de couvrir les frais universitaires de ses enfants. L'idée en elle-même est bonne et force les parents à épargner.

Cependant, dans 90% des cas, les enfants ne se rendent pas jusqu'au niveau universitaire ou les parents laissent tomber le plan. Advenant le cas, on ne vous remet que vos dépôts initiaux, sans intérêt. Les frais d'admission et d'administration ne sont pas récupérables. Vous êtes loin d'avoir fait un bon placement si votre enfant ne poursuit pas ses études jusqu'au niveau universitaire.

Gagner de l'argent, c'est facile

Une dernière mise en garde. Il s'agit d'un attrape-nigaud assez répandu qui réapparaît de temps à autre dans différents domaines: les profits pyramidaux.

Le mois de janvier 1979 a, par exemple, encore vu la mise à jour d'un réseau de fraudes sur des ventes de terrains à Mont-Laurier, Drummondville et Saint-Jérôme: on vous vendait un terrain à $300 l'arpent, puis quelques semaines plus tard, un acheteur vous contactait en vous en offrant le double.

La deuxième étape consistait à vous faire acheter un terrain plus grand afin d'augmenter vos profits. Vous dépensez $2 000 et un mois plus tard on vous en offre $3 000.

"Ça y est, je l'ai l'affaire..."

Troisième étape: vous "mettez le gros paquet". Vous dépensez $10 000, $25 000. Certains ont mis tout leur avoir. Que se passe-t-il alors? Un mois, deux mois, trois mois se passent, vous n'entendez plus parler de rien: les vendeurs et les acheteurs se sont volatilisés. Bien souvent, même les terrains qui étaient vendus à plusieurs personnes à la fois, ne peuvent témoigner de votre investissement, parce qu'ils n'existent tout simplement pas!

Nul besoin de mentionner ici la naïveté des gens qui croient qu'on peut gagner de l'argent aussi facilement. Quel organisme vendrait ses terrains en sachant qu'ils vont doubler de prix, un ou deux mois plus tard?

Le pire de tous

Notre manque de connaissance économique est coûteux à cause des nombreuses faillites qu'il entraîne au Québec. Nous remportons la médaille d'or dans ce domaine au Canada et peut-être même en Amérique.

Il n'y a aucun doute que si les petits entrepreneurs étaient dotés d'une meilleure conscience économique, on ne verrait pas autant de leurs commerces disparaître. Nous y reviendrons avec plus de détails au tome II.

Conclusion

Tous ces exemples sont la preuve que dans bien des cas, si certaines personnes se trouvaient nanties de quelques connaissances économiques simples, elles pourraient s'éviter des pertes financières, mieux placer leur argent et s'épargner bien des soucis.

Mais en plus d'être ignorants, nous sommes souvent négligents. Combien d'entre nous laissent des sommes dormir inutilement dans des comptes de banque sans en retirer aucun intérêt ou encore dans des comptes d'épargnes qui rapportent un intérêt moindre que celui du dépôt à terme. Que penser également de ceux qui empruntent à des taux élevés alors que leur police d'assurance-vie pourrait leur accorder des taux préférentiels.[1]

Pour terminer cette série d'exemples sur les gens qui se laissent exploiter, nous aimerions vous suggérer, pour faire contraste, la recette suivante pour devenir millionnaire rapidement: Trouvez-vous un patron prêt à vous engager pour 1 cent la première journée. La seule condition: vous doublerez votre salaire tous les jours, ceci pendant un mois seulement.

La deuxième journée, il vous paie 2 cents, la troisième journée 4 cents, etc. Faites le calcul, vous devriez être millionnaire au bout de la 28e journée.

Voilà, vous n'avez qu'à trouver la bonne poire. D'ici ce temps-là, ne la faites pas.

---

(1) En août 1979, un compte d'épargne rapportait moins de 3%, alors qu'un compte d'épargne véritable (sur lequel on ne peut pas tirer de chèque) donnait du 10%. Un dépôt à terme (moins de 365 jours) rapportait 10¼%. On sait qu'un compte ordinaire (sans limite de chèque) ne donne aucun intérêt. Maintenant, les banques calculent les intérêts chaque jour; auparavant, elles les calculaient une fois le mois, sur le montant minimal de votre compte. Combien de gens ont, dans le passé, retiré des sommes assez élevées pendant la dernière semaine du mois, alors qu'ils auraient pu attendre quelques jours de plus et recevoir l'intérêt pour 30 jours.

Chapitre 5
Qui doit payer et contrôler l'éducation?

Loin de nous la prétention de donner une opinion définitive sur la difficile tâche qui incombe à un gouvernement de dispenser une bonne éducation à ses citoyens.

Nous voulons tout simplement exprimer quelques observations et souligner l'opinion de personnes plus compétentes que nous, notre seul but étant de trouver des moyens d'inculquer aux Québécois la science du monde des affaires et cette conscience économique qui constitue la pierre angulaire du succès dans toutes les sociétés qui veulent s'épanouir.

Est-ce vraiment si cher?

Nous savons que le ministère de l'Éducation s'efforce depuis plusieurs années d'améliorer notre système d'enseignement auquel 30% du budget de la province sont consacrés. On a le droit de poser la question suivante: Est-ce que le système d'enseignement au Québec vaut quatre milliards de dollars? Permettez-nous d'en douter. Comment se fait-il que nous dépensions autant, pour obtenir si peu?

Les principales provinces canadiennes et la majorité des états américains consacrent moins de 25% de leur budget aux fins de l'enseignement. Pourquoi 30% au Québec? Jouissons-nous d'une meilleure éducation pour autant? Que fait-on avec cet argent? Comment est-il dépensé? Serait-il préférable et moins coûteux d'accroître l'importance des établissements privés? Ne pourrait-on pas même remettre tout l'enseignement entre les mains des établissements privés quitte à créer des organismes qui rivaliseraient d'excellence?

Voilà autant de questions qu'on est en droit de se poser en tant que contribuable.

Laissons à d'autres le soin de trouver les solutions nécessaires. D'ailleurs, ce n'est pas le but de ce livre. Si les questions que nous venons de poser et les commentaires qui suivent réussissent à faire réfléchir tous ceux qui oeuvrent ou devraient oeuvrer à l'amélioration de l'enseignement, eh bien, ce chapitre n'aura pas été inutile.

Nous tenons à le répéter: l'acquisition de connaissances économiques accroît nos chances d'atteindre nos buts, de réaliser nos aspirations et de nous épanouir. En 1979, les adultes qui font partie de la population active n'ont pas eu l'occasion d'étudier les mécanismes de l'économie. Ils doivent aujourd'hui faire un effort pour compenser cette lacune.

Le rôle des parents

Les parents ont le devoir et la responsabilité de s'assurer que leurs enfants auront des connaissances suffisantes en économie lorsqu'ils se lanceront sur le marché du travail. C'est pourquoi il est impératif pour eux de s'intéresser au système éducatif et de se mêler de son fonctionnement. Les parents ne sont-ils pas les premiers à connaître les besoins d'éducation de leurs enfants? Ne sont-ils pas les mieux placés pour déceler les goûts et les aptitudes de leurs rejetons? Comment peuvent-ils alors laisser toutes les décisions concernant l'enseignement aux mains des technocrates?

On ne peut en aucune façon forcer une personne à étudier si elle n'en manifeste pas l'intérêt. Les matières qui plaisent s'apprennent et se retiennent beaucoup mieux. De plus, dans une société libre, ou qui se veut libre, les parents devraient avoir le choix du programme d'instruction qu'on voudrait imposer à leurs enfants. Comment peut-on continuer à ignorer ce droit des parents?

Le professeur Guy Archambault de la Faculté des sciences de l'éducation à l'Université Laval déclarait il y a quelques années: "On ne laisse pas grand chance au "présent" de l'enfant, à son besoin d'apprendre quelque chose de son goût (et lié à son instant présent) puisque tout est tourné vers l'insécurité de l'avenir... et les problèmes des adultes d'aujourd'hui. On forme de plus en plus des théoriciens de l'éducation et de moins en moins des praticiens. On a de plus en plus de gens capables de parler éducation et de moins en moins de praticiens capables d'en faire."

Quant à M. Paul Desbiens, le "frère Untel", il pense que l'existence des établissements privés représente une économie pour l'État. M. Desbiens ajoute: "On peut rappeler que les écoles ne sont point faites pour les commissions scolaires, ni pour les syndicats, ni pour les enseignants: elles sont faites pour les enfants et les parents."

C'est pourquoi nous incitons de nouveau les parents à se mêler de l'éducation de leurs enfants. Elle les concerne.

L'éducation doit être accessible à tous, mais il faut quand même reconnaître et accepter que tout le monde n'a pas les mêmes capacités intellectuelles, de même que les goûts, les ambitions et les talents sont divers.

L'éducation doit également être considérée comme une valeur personnelle, une source d'enrichissement et non comme un passeport ou un parchemin qu'on monnaie. D'ailleurs, les doctorats deviennent de moins en moins recherchés par les entreprises et guère mieux rémunérés que les maîtrises. Un diplôme, c'est bien; deux, c'est mieux; trois, c'est trop.

Enfin, il faut dire que le meilleur enseignement n'est pas obligatoirement celui qui est donné dans les écoles. Le diplômé n'est pas nécessairement plus "instruit" que celui qui n'a pas encadré ou exposé le "papier" tant convoité. La vraie éducation consiste à fournir à l'individu les rudiments de la vie en société et les moyens d'y apporter une contribution tout en lui permettant de satisfaire ses ambitions et de développer ses aptitudes.

Croyez-vous maintenant que notre système nous permet une telle réussite? Pourtant nous lui consacrons presque quatre milliards de dollars. Quatre fois mille millions, c'est beaucoup! C'est peut-être trop!

Qui doit payer tout cela?

Tout le monde, direz-vous. Mais pourquoi? Pourquoi les familles à faibles revenus, dont les enfants ne poursuivront même pas leurs études au niveau collégial ou universitaire, doivent-elles payer pour les enfants des familles plus aisées?

Pourquoi les parents qui n'ont jamais bénéficié d'études avancées doivent-ils défrayer le coût de l'enseignement?

Pourquoi les couples sans enfants et les célibataires doivent-ils payer pour les enfants des autres?

Pourquoi les travailleurs d'aujourd'hui qui n'ont jamais obtenu de bourses et qui défraient déjà les pensions des retraités et des assistés sociaux, doivent-ils en plus payer pour les études des jeunes?

N'est-il pas suffisant de payer pour les membres de la génération précédente sans avoir en plus à payer pour la génération à venir?

Pourquoi les fonds réservés à l'enseignement ne proviendraient-ils pas de ceux qui en bénéficient?

Pourquoi ceux qui étudient ne paieraient-ils pas leurs études?

Peut-être qu'ils étudieraient un peu plus ou que nous en verrions moins aux études.

Mais, pourquoi pas?

Selon une recherche de l'Université de Boston, les diplômés du niveau collégial aux États-Unis (pré-universitaire) gagnent au cours de leur carrière $230 000 de plus que ceux qui n'ont qu'un diplôme du secondaire. Qui s'instruit, s'enrichit nous a-t-on déjà proclamé.

Pourquoi les familles à faibles revenus et l'ensemble des travailleurs d'aujourd'hui, doivent-ils payer pour ceux qui vont gagner plus d'argent qu'eux? Ne serait-il pas plus normal et équitable, de faire défrayer les coûts de l'enseignement précisément par ceux qui en bénéficient? Il semble que ceux qui reçoivent une formation supérieure et des avantages pécuniaires pourraient se charger des dépenses qu'ils ont en fait eux-mêmes suscitées.

Une somme de un quart de million de dollars gagnée au cours d'une carrière compense amplement pour les dépenses et les sacrifices occasionnés par quelques années de plus consacrées aux études.

Mais comment exiger des élèves le paiement complet de leurs études alors qu'ils n'en ont pas les moyens?

Le président de l'Université de Boston, le Dr John R. Silber, croit que les élèves devraient payer pour leurs études au fur et à mesure qu'ils en profitent. M. Silber suggère qu'on crée un organisme avec un fonds spécial qui ouvrirait un crédit à chaque élève. Une fois ses études terminées, celui-ci pourrait commencer à rembourser l'organisme, selon ses revenus jusqu'à épuisement de sa dette. Il est évident que l'application d'un tel système ne se fera pas demain. Il est également concevable qu'un tel système pourrait éliminer un bon nombre d'élèves et d'enseignants qui ne sont pas sérieux.

D'ici là, chers travailleurs, vous n'étudiez pas, vous n'enseignez pas, mais vous payez et paierez encore longtemps.

Chapitre 6
L'affaire des vrais hommes d'affaires

Beaucoup d'hommes d'affaires se plaignent des interventions nombreuses des différents gouvernements, mais n'hésitent nullement à faire appel à ces mêmes gouvernements pour contracter des emprunts ou demander des subventions.

Plusieurs d'entre eux se plaignent du peu de compréhension du public, des syndicats ou des média. Tout le monde en veut à l'entreprise privée et souvent on tient le capitalisme responsable de tous les maux de notre société.

Pourquoi ce fossé entre les hommes d'affaires et "les autres"?

En 1977, pour la revue *Le Banquier,* nous avions signé un article intitulé: "L'éducation économique: de qui est-ce l'affaire?" Avec la permission de M. Jacques Hébert, directeur de la rédaction, nous allons nous plagier et tenter d'expliquer quelque peu les raisons de l'incompréhension qui règne entre ces deux mondes, celui des hommes d'affaires et "les autres". Dans les pages suivantes les passages sous-titrés: "Pourquoi l'éducation économique?" "Un dilemme" et "Encourager l'éducation sans la contrôler" sont précisément des extraits de cet article.

De qui est-ce l'affaire?

À peine 10% des Québécois (ce pourcentage n'est guère plus élevé dans l'ensemble du Canada) possèdent quelques notions de base en économie. Comment peut-on s'attendre à ce qu'une population puisse juger convenablement et adéquatement de la valeur d'un système économique quand la grande majorité des citoyens n'en comprend même pas le fonctionnement! Qu'on donne au moins à tous l'occasion de comprendre les rouages économiques. Alors, et alors seulement, pourra-t-on porter un jugement valable. La population pourra ensuite, en connaissance de cause, assumer la responsabilité de ses décisions: "Economic illiteracy means our children are not being equipped to think about the hard choices immediately ahead. They need economic education and economic literacy, because economics is the only discipline which is the science of choice-making, choosing, establishing trade-offs and priorities in the face of scarcity... economic education for our young people has now become one of the 4 R's-Reading, Ritting, Rithmetic, and Rational Economic thinking!" Ces commentaires sont du Dr Glenn S. Dumke, Chancellor, The California State University and Colleges.

L'éducation économique est trop importante pour qu'on la laisse à un groupe de pression plutôt qu'à un autre. Mais elle doit se faire et les hommes d'affaires doivent y veiller.

Pourquoi l'éducation économique

Des connaissances plus approfondies en économique chez les étudiants auront pour effet, en plus de leur apporter un élément de maturité, de renseigner les parents ou tout au moins d'entraîner au foyer des discussions fructueuses sur des sujets qui touchent l'économie.

D'autre part, les notions de sciences économiques feront comprendre aux étudiants que l'argent n'est qu'un moyen d'échange et non pas un but en soi. Ils en arriveront ainsi plus facilement à reconnaître les problèmes que leurs parents affrontent et la limite de leurs disponibilités financières.

Le rôle du numéraire dans les réseaux d'échange, mieux compris, permettra de mieux envisager la vie en société et de mieux comprendre les rouages de la consommation. C'est ainsi que les étudiants en viendront à des vues plus réalistes et qu'ils prendront des décisions plus raisonnables et plus justifiées.

Nanti d'un certain bagage d'éducation économique, l'étudiant se présentera sur le marché du travail avec des ambitions réalisables; il s'astreindra aux sacrifices qui lui feront atteindre le confort matériel en temps opportun. De cette façon, il évitera les emprunts précipités qui pourraient se révéler au-dessus de ses moyens. Il s'entraînera à l'épargne et se rendra davantage compte des limites financières de son employeur. Il abordera le secteur de la consommation avec plus de réflexion et de sagesse et il assumera ses responsabilités avec plus de conviction, qu'il s'agisse d'utiliser le crédit à sa disposition pour l'achat d'une maison, d'une automobile, etc.

La maturité que les connaissances en économique confèrent, procure aussi à l'étudiant, à ses débuts sur le marché du travail, plus de souplesse et lui permettra des rapports plus faciles avec son nouvel entourage.

Les sociétés y gagneront puisque le nouvel employé sera mieux préparé pour ce monde et fera son entrée dans l'entreprise, qu'elle soit privée, publique ou para-gouvernementale, avec un esprit pragmatique.

De plus, les connaissances économiques que l'étudiant aura acquises l'aideront dans l'organisation de sa vie privée et encore plus s'il se lance en affaires.

Un dilemme

De toute évidence, les hommes d'affaires ne peuvent influencer directement les programmes scolaires et dicter aux pédagogues ce qu'ils voudraient voir enseigner. D'ailleurs, il en est mieux ainsi, le professeur devant rester maître de ses élèves.

Par contre, l'éducateur doit avoir accès, s'intéresser à tous les renseignements et à tous les moyens qui lui permetteront de rehausser la qualité et l'exactitude de son enseignement et d'ainsi mieux éduquer (dans le vrai sens du terme) et former ses élèves. Comme l'enseignant doit veiller à la formation de l'intelligence de ceux qui dirigeront le société de demain, cette responsabilité et la déontologie lui commandent d'inculquer, au meilleur de sa connaissance et de ses ressources, les données qui permettront aux citoyens de choisir en connaissance de cause le genre de société dans laquelle ils voudront évoluer. Étant donné que les enfants d'aujourd'hui seront les adultes qui feront vivre la société de demain, il est normal et juste qu'ils soient mis au courant de la sorte de vie qu'ils devront eux-mêmes payer.

Il ne faut pas oublier que les professeurs n'ont pas le monopole de la formation des étudiants. En dehors de l'école, les parents jouent ou peuvent jouer un rôle très important. Il en est de même des différents groupes ou organismes dans lesquels, tôt ou tard, les élèves évolueront. Nul doute que les parents et les organismes privés peuvent et doivent excercer une certaine influence.

Mais comment l'entreprise privée peut-elle réussir à faire valoir son point de vue?

Il faut se rappeler que l'enfant ne fréquente tout de même l'école que pendant 20% de son temps. En enlevant le tiers du temps requis pour le sommeil, il reste un bon 40% (ou les 2/3 de son temps en état de veille) où il côtoie le monde extérieur à l'école. C'est précisément sur ce temps disponible que les hommes d'affaires doivent capitaliser afin de rejoindre leur marché éventuel et essayer de vendre leur marchandise.

Nous l'avons dit, le monde des affaires ne peut contrôler ce qui s'enseigne à l'intérieur des murs d'une école. C'est pourquoi il doit essayer de communiquer avec les étudiants par d'autres moyens. M. Pierre Laurin, directeur de l'école des Hautes études commerciales, déclarait ce qui suit lors d'un déjeuner-causerie à la Chambre de commerce de Montréal, le 14 février 1978: "Il semble qu'il y ait actuellement dans différents cégeps, et en nombre critique, des cours qui visent à conditionner systématiquement les jeunes contre les affaires et à les embrigader dans une des variantes du communisme." Et il ajoute: "Ce qui est notable, c'est que ces cours s'inspirent de doctrines sorties tout droit du XIXe siècle en Europe, que l'on tente de surimposer pour expliquer le Québec d'aujourd'hui." L'enquête de M. Laurin lui a permis de découvrir que des professeurs suggéraient aux élèves les ouvrages suivants: *Le manifeste du Parti communiste* de Karl Marx, *L'État et la révolution* de Lénine et *L'Exploitation capitaliste* de Pierre Jalée. Par contre, les listes de lectures de plusieurs professeurs ne contenaient pas d'ouvrages professant d'idées contraires.

Encourager l'éducation économique, sans la contrôler

L'enseignement de l'économie ne doit pas être perçu comme un système de défense pour le monde des affaires. Mais, il faut l'encourager. L'encourager, cela signifie l'appuyer et l'aider. Cependant, l'appuyer, ce n'est pas le contrôler ou le noyauter.

À notre avis, l'éducation économique ne doit pas servir aux hommes d'affaires à se gagner le respect des autres couches de la société et de ceux qui la gouvernent. Elle doit simplement viser à expliquer, dans des termes que tous comprennent, le contexte dans lequel nous vivons. Les hommes d'affaires devraient également encourager les parents à inculquer à leurs enfants des notions de base en économie. Comprendre qu'une meilleure formation en économie est nécessaire pourrait inciter les parents à exiger du système scolaire un tel enseignement. D'ailleurs nous l'avons dit et répété, les parents ne sont-ils pas les mieux placés pour connaître les besoins de leurs enfants? Comment expliquer que le système actuel prive continuellement les parents de ce droit?

Les représentants du monde des affaires s'indignent à chaque fois que la libre entreprise est menacée, mais on continue à ignorer que l'éducation n'a jamais été réellement libre.

Comment rejoindre les parents

Nous voyons qu'il est important pour lui-même et pour la compagnie où il va oeuvrer que l'étudiant qui arrive sur le marché du travail soit pourvu de connaissances économiques. Nous connaissons également le rôle que peuvent et doivent jouer les parents.

Comment le monde des affaires peut-il s'assurer qu'il rejoint toute la population et que l'enseignement transmis est valable et fidèle à la réalité? Cette question devient d'autant plus importante depuis qu'on a institué des cours obligatoires en économie, puisque la grande majorité des professeurs n'aura eu aucune expérience pratique ni même de formation théorique dans ce domaine. De plus, comme nous venons de le voir, le danger qu'un professeur défende une idéologie plus qu'une autre, sera toujours présent.

Or, il s'avère que dans une famille, le père et même souvent la mère travaillent. Les parents sont en très grande majorité des employés et deviennent, par le fait même, un public bien particulier pour les hommes d'affaires. Ce public est important puisqu'il est à proximité de son employeur d'où facilité de le contacter, d'établir des communications et d'échanger des points de vue. C'est ce qui explique la formation du Centre de services en connaissances économiques (Cesconomic) qui met à la disposition des dirigeants d'entreprises une série de cours destinés à inculquer à leurs employés des notions de base en économie.

Cet organisme a l'avantage d'être extérieur à la compagnie et de présenter un programme plus neutre, non biaisé et qui répond autant aux besoins des employés qu'à ceux de celle-ci. Ce programme est dispensé par des professeurs de différentes universités, dans un esprit de vulgarisation. Sa crédibilité auprès des employés permettra à Cesconomic de rejoindre aussi bien les syndiqués que les non-syndiqués. Il est important que les hommes d'affaires sachent que:

- Des travailleurs bien renseignés sont plus réceptifs, plus compréhensifs et plus productifs.
- Un personnel bien renseigné est plus apte à diriger les autres et à réussir dans des responsabilités administratives.
- Plus de 90% de la population active n'a jamais suivi de cours de base en économie et ne le fera jamais, si les dirigeants d'entreprises ne lui en donnent pas l'occasion. Comme il n'y a aucune province au Canada qui jusqu'ici, ait dispensé de cours obligatoires en économie, cette tâche devient une obligation morale et sociale pour toute compagnie.
- Une plus grande compréhension du rôle de l'entreprise privée ne pourra également que bénéficier aux compagnies.
- Le public, en général, peut être hostile au monde des affaires, mais il n'est certainement pas contre l'entreprise privée.
- L'enseignement des notions de base en économie doit contribuer à amoindrir la méfiance du public envers le monde des affaires et engendrer la formation d'un climat politique plus accueillant pour lui.

- Les employés sont des consommateurs eux aussi, et leur compréhension des principes de l'économie est un premier pas dans la stabilisation du système dans lequel nous vivons. Leurs habitudes d'achats, leurs plans d'épargnes et leurs investissements font partie de la force motrice de notre économie.
- La façon dont les employés gèrent leurs propres affaires peut affecter la conduite et la bonne marche de toute compagnie.

C'est donc dans l'intérêt des hommes d'affaires d'aider leurs employés à comprendre et à apprécier, par eux-mêmes, le fonctionnement de notre économie.

- Des employés suffisamment informés peuvent convenablement affronter problèmes et situations complexes.
- Les dirigeants de compagnies se doivent de jouer un rôle prédominant afin de faire disparaître des mentalités contemporaines l'image défavorable du monde des affaires.
- Leurs employés sont précisément les citoyens avec qui les hommes d'affaires ont le plus de rapports et ce, d'une façon continue. Ils peuvent être contactés directement et d'une manière efficace à un coût très minime. Ils forment le meilleur public que les dirigeants pourraient trouver pour créer un climat de confiance envers la compagnie pour laquelle ils travaillent et un sentiment de fierté envers les produits et les services qu'elle fournit. Cependant, si l'on veut qu'ils changent d'opinion vis-à-vis de leur compagnie et l'apprécient davantage, les employés ont besoin d'en savoir plus sur elle et sur le rôle qu'elle joue dans l'économie.
- La tendance actuelle des innombrables directives gouvernementales rend urgent d'en dévoiler les interventions et les dangers qui guettent l'entreprise privée.
- Il est indéniable qu'il faut bien expliquer et faire comprendre la différence entre un système dont les moyens de production appartiennent aux individus et un système dont les moyens de production sont aux mains des gouvernants.
- Il faut également encourager les individus, en tant que citoyens, à défendre l'entreprise privée, surtout auprès de leurs députés au provincial et au fédéral.

- Les programmes de connaissances économiques aux États-Unis démontrent clairement une nette amélioration dans l'opinion des employés, non seulement envers le monde des affaires en général, mais également envers leur propre employeur.

En conclusion, il est grand temps que les hommes d'affaires mettent en oeuvre le programme suivant:

1) Augmenter les connaissances de base en économie de leurs employés.

2) Améliorer l'image que se fait le public de l'entreprise privée.

3) Expliquer à celui-ci dans des termes clairs et simples ce qu'est le système, comment il fonctionne et pourquoi il est important de le conserver.

4) Fournir aux employés des notions suffisantes afin qu'ils puissent, par eux-mêmes, faire la part des choses dans le jugement qu'ils portent sur notre système économique.

5) Fournir aux employés les renseignements qui leur permettront de prendre les bonnes décisions financières dans leur vie personnelle.

6) Aider les employés à acquérir un jugement sain qui les aidera au moment de prendre une décision d'ordre économique qui pourrait avoir une influence sur leur communauté et sur nos ordres de gouvernement tant provincial que fédéral.

7) Améliorer l'opinion que se font leurs employés du monde des affaires en général et de leur compagnie en particulier et accroître la compréhension et l'intérêt de ces employés envers celle-ci.

8) Fournir aux employés les renseignements sur les circonstances et les conditions dans lesquelles sont prises les décisions importantes de la compagnie.

9) Créer l'ambiance, préparer le terrain pour une meilleure productivité et établir des relations plus étroites entre les employés et la communauté où ils vivent.

Le temps de parler

Mais pour établir de meilleures relations avec les dirigeants et les diverses couches de notre société, les principaux hommes d'affaires devront faire l'effort de s'exposer un peu plus souvent et de faire connaître eux-mêmes leurs opinions.

Les média de communications se révèlent un des instruments auxquels les hommes d'affaires doivent avoir recours. Ils devraient développer des relations plus étroites avec les journalistes, ce qui nécessite un changement d'attitude de leur part envers ces derniers et une plus grande confiance mutuelle.

Le journalisme a besoin de la collaboration des hommes d'affaires afin de communiquer au public la vérité sur l'entreprise privée. Il est malheureux qu'au Québec le soin de propager le point de vue des hommes d'affaires soit laissé entre les mains d'un seul individu, d'autant plus que les présidents de compagnie et les dirigeants d'industrie qui auraient quelque chose à dire et pourraient, par le fait même, faire bénéficier la société de leurs propos, ne manquent pas. Les interventions malheureuses d'un certain vice-président d'un organisme qui se vante d'être représentatif de tous les hommes d'affaires importants (ce qui est très loin de la vérité), ne font que faire du tort à l'entreprise privée. Les partisans du socialisme auraient voulu créer un "cheval de Troie" dans les rangs du capitalisme qu'ils n'auraient pu mieux trouver. Espérons que nos vrais hommes d'affaires prendront la parole plus souvent (et ne la laisseront pas à n'importe qui pour les représenter) et feront profiter la population québécoise de leurs connaissances, lui communiqueront leurs intentions, leurs efforts et leurs problèmes. Il ne faut quand même pas oublier que les soucis du monde des affaires sont un peu beaucoup ceux de tous les membres de la société.

Donc, le conseil au vrai patronat: "Messieurs les hommes d'affaires, commencez à vous mêler de vos affaires... mais mêlez-vous-en... au plus vite. N'attendez pas que le pain du four soit calciné." Les affaires doivent être expliquées par ceux qui les font, par ceux qui ont réalisé ou tentent de réaliser quelque chose de concret.

L'entreprise privée y gagnera et la population du Québec aussi. Les hommes d'affaires pourront alors être mieux compris et même aidés.

Chapitre 7
Les média ne peuvent tout faire

Il est certain que l'implantation d'un programme approprié d'enseignement économique, par des professeurs qualifiés et fiables, ne se fera pas du jour au lendemain. Entre-temps, tous ceux qui se présenteront sur le marché du travail, tout comme ceux qui s'y trouvent présentement, ne posséderont tout simplement pas les notions d'économie qu'un employeur devrait s'attendre à retrouver chez ses collaborateurs. De son côté, la société ne pourra pas avant au moins une dizaine d'années compter sur des citoyens mieux informés, à moins que les compagnies ne commencent à fournir à leurs employés et à la population cet atout indispensable qu'est la science économique pour atteindre une plus grande maturité.

La propagande

Il serait facile d'avoir recours à la publicité payante pour rejoindre le grand public. Toutefois, plusieurs compagnies américaines se sont heurtées à un écueil en adoptant cette solution de facilité. Selon Henry Luce, professeur en valeurs urbaines à l'Université de New York, "la publicité payante est un mauvais outil en matière d'éducation. Cette dernière implique des idées abstraites tandis que la publicité pousse les gens à agir (...) l'éducation suscite toujours les questions tandis que la publicité apporte toujours les réponses. Les gens ne lisent tout simplement pas les annonces publicitaires par souci de culture."

Il est donc illusoire de penser que la publicité payante peut pallier à l'absence d'éducation économique. Mais elle peut servir à certaines fins, si elle fait partie d'un ensemble stratégique. Ce moyen de communication doit transmettre un message bien pensé, bien étudié, conçu à des fins bien précises à l'intérieur d'un programme bien planifié et doit viser plusieurs champs d'action.

Le handicap des hommes d'affaires qui utilisent tout medium d'information, réside dans le fait qu'en s'adressant au grand public ils essaient de lui vendre quelque chose qui sert les intérêts de leurs compagnies et non les siens. En d'autres termes, la population est portée à croire que le message publicitaire rend plutôt service au monde des affaires qu'à la masse.

Le danger des messages publicitaires est, par ailleurs, qu'ils ne donnent pas l'occasion de réfléchir. Ils font plutôt agir. Cette action sera pour certains positive et pour d'autres négative, selon les connaissances et les préjugés de chacun.

La publicité ne peut éduquer. Pour faciliter la compréhension et l'acceptation du message publicitaire, il est impératif de partir avec cette idée. La publicité aura beau vanter et crier les bienfaits de l'entreprise privée, ces énergies vocales tomberont dans l'oreille de sourds si les données de base n'existent tout simplement pas. Rien ne sert d'entendre, sans comprendre; tout comme on ne peut comprendre sans entendre.

Descendre dans la rue

Les hommes d'affaires doivent donc apprendre à se faire entendre en commençant par se faire comprendre. Les média d'information permettent de rejoindre la population en un clin d'oeil. La radio et la télévision peuvent diffuser n'importe quelle déclaration en l'espace de quelques secondes. Les quotidiens rapportent le lendemain des commentaires faits la veille tandis que les hebdomadaires résument tous les faits importants de la semaine dans un contexte plus calme et détaché.

Mais combien d'hommes d'affaires savent mettre à profit toutes ces possibilités. Au lieu de se plaindre que le public ne comprend rien aux affaires et que les journaux sont contre l'entreprise privée, pourquoi ne prennent-ils pas la parole. Qu'ils ne la laissent pas à des représentants de calibre inférieur.

Que les vrais hommes d'affaires se lèvent. Et l'ensemble de la population se tiendra debout avec eux.

Mais avant de demander à six millions de personnes d'appuyer le monde des affaires, il faudrait quand même leur parler, leur expliquer ce qu'on ne leur a jamais expliqué.

Qu'est-ce que c'est au juste que les affaires? À quoi ça sert? Qui en profite? Sont-elles nécessaires?

Il faut parler au peuple dans une langue qu'il puisse comprendre, lui expliquer les choses telles qu'elles sont. N'ayons pas peur. Qu'on lui donne les renseignements et son jugement sera probablement bon.

Les Canadiens français sont des gens courageux et travailleurs dès qu'ils poursuivent un but. Les deux héros des deux dernières générations ne sont-ils pas Maurice Richard et Pierre Trudeau, deux entêtés, mais tous deux courageux, travailleurs et "fonceurs".

Un départ

Si les hommes d'affaires n'ont pas su se faire entendre et encore moins se faire comprendre, les média d'information ne peuvent-ils pas combler cette lacune?

Certains journaux comme *Le Soleil* à Québec et *La Presse* à Montréal ont tenté pendant un certain temps une série de cours sur l'économie et cela avec un certain succès.

La radio de Radio-Canada fait aussi un effort en nous présentant l'émission *Éconothèque* le samedi à midi. La télévision française est un peu plus d'avant-garde que sa collègue anglophone. Il ne faut pas oublier que le besoin est moins urgent chez les anglophones. L'émission *Consommateurs Plus* présentée à la chaîne de Radio-Canada se veut surtout une émission d'information et de protection du consommateur. Pendant l'été 1978, Télé-Métropole s'est efforcé d'aller un peu plus en profondeur en présentant sur le réseau TVA l'émission *L'or et l'argent,* une mini-série sur la vulgarisation et l'information économique. Les deux principaux thèmes développés étaient d'une part, le rôle de nos principales institutions financières et de l'autre, l'interprétation des derniers développements économiques dans la vie personnelle des citoyens.

Robert L'Herbier, vice-président à la programmation et Claude Lapointe, vice-président à l'information, ont pris le risque de mettre à l'horaire de Télé-Métropole cette émission qui se voulait au départ une oeuvre d'éducation populaire et de vulgarisation économique en même temps qu'un divertissement. L'initiative de MM. L'Herbier et Lapointe a porté fruit puisque la série télévisée *L'or et l'argent* a eu l'une des meilleures cotes d'écoute pour les émissions présentées le dimanche après-midi. Votre humble serviteur est d'autant plus fier de rapporter ce fait qu'il en était le recherchiste et co-animateur avec Gilles Deschênes, directeur de l'information.

Voyons maintenant ce que pense le réalisateur, Claire Bouchard, de ce genre d'émissions présentées à la télévision: "Je vous avoue que lorsque monsieur L'Herbier m'a confié la tâche de réaliser cette émission, j'étais loin, très loin, d'être emballée. Il s'agissait d'une aventure, d'une expérience complètement nouvelle qui ne m'attirait guère. Surtout en économie, comment voulez-vous sortir quelque chose d'intéressant pour les téléspectateurs? Dès la première émission, j'ai vite changé d'avis, surtout en constatant la qualité de nos invités et en écoutant ce qu'ils avaient à dire. Finalement, ce fut l'une des expériences les plus enrichissantes pour moi."

Mme Bouchard nous a rapporté également que son propre fils suivait avec un grand intérêt ces émissions. Depuis, elle-même s'intéresse aux pages financières des journaux. D'ailleurs elle a ajouté: "Une autre preuve que l'émission *L'or et l'argent* a été appréciée, c'est que nous avons reçu plusieurs demandes de la part de professeurs d'école et de cégep, même si l'émission s'adressait au grand public. Il y a même une université qui désirait se procurer l'enregistrement de toutes les émissions."

L'expérience de Mme Bouchard comme réalisateur lui fait croire maintenant que la télévision se prête bien à un tel genre d'émission. Ce sont les invités et les animateurs qui font la réussite de l'émission. Nul besoin d'un décor élaboré et coûteux.

M. Deschênes, quant à lui, misait beaucoup sur cette série. Sa principale inquiétude au début était le comportement de son coéquipier: "Comment va-t-il s'en sortir?" Je ne lui ai jamais révélé que j'étais beaucoup plus inquiet que lui et qu'en plus j'avais peur de ne pas pouvoir m'exprimer avec aisance. Après quinze ans dans les milieux anglophones, on maltraite un peu son français. Une autre chose tracassait M. Deschênes: était-on certain que tous les invités de marque qu'on avait contactés viendraient? Ils se sont tous présentés et à l'heure indiquée: le sous-gouverneur de la Banque du Canada, le président de l'Union des agriculteurs, le président de la Fédération de l'entraide économique, le président de la Bourse, le président de Jarislowsky Fraser, le président du Mouvement des caisses populaires et bien d'autres.

Par ailleurs, il m'a confié que mon idée de présenter une "vulgarisation" de faits et d'expériences à caractère économique a tout de suite plu à la direction de Télé-Métropole. "Il s'agissait, je crois, d'un précédent à la télévision privée, au Québec et je pense, au Canada, a-t-il ajouté. Le fait de travailler avec vous et d'accueillir en studio plusieurs personnalités du monde des affaires et des finances, s'est avéré fort profitable pour moi et, j'en suis sûr, pour tous ceux et celles qui ont suivi cette série."

Je lui demandais aussi comment l'idée d'une telle émission avait été perçue à l'intérieur de la boîte: "L'expérience a été si bien perçue que *L'or et l'argent* est de nouveau portée à l'horaire d'été de Télé-Métropole et du réseau TVA en 1979. La direction a pris cette décision suite au réel succès de l'expérience tentée à l'été de 1978. Bien que la cote d'écoute ne fut pas des plus impressionnantes, il importe de préciser que le simple fait d'inciter quelques 40 000 personnes à vous regarder et à vous écouter le dimanche après-midi à 16 heures 30, en plein été, représente à mon avis un tour de force qui dénote bien l'intérêt qu'a suscité cette série d'émissions. D'ailleurs, les nombreux appels téléphoniques qui nous sont parvenus de même que plusieurs lettres nous demandant de prolonger la durée de l'émission et d'en changer l'heure et le jour de présentation en ondes, reflètent bien l'impact certain que cette série d'émissions a eu sur notre clientèle. Sans compter que certains organismes, comme le Mouvement des caisses populaires Desjardins, ont capté et enregistré sur vidéo-cassettes chaque émission et les ont utilisées dans des séminaires sur l'économie, à l'intention de leur personnel. De plus, plusieurs professeurs et élèves nous ont contactés pour obtenir soit le script, soit une vidéo-cassette de chaque émission." Comme je lui demandais aussi jusqu'où, à son avis, la télévision pouvait aller dans le domaine de l'éducation économique, il me répondit en ces termes: "Je crois que la télévision offre des possibilités illimitées dans ce domaine, comme dans bien d'autres d'ailleurs, si on sait bien s'en servir. Il ne fait aucun doute dans mon esprit que l'expérience tentée par Télé-Métropole durant l'été de 1978 et qui est répétée cette année, pourrait aller beaucoup plus loin. Au lieu d'une dizaine d'émissions du genre de *L'or et l'argent*, destinées à notre clientèle estivale, nous devrions y aller de façon beaucoup plus soutenue, c'est-à-dire, durant cinquante-deux semaines et mettre l'accent sur le jour et l'heure de diffusion de manière à pouvoir atteindre une plus grande clientèle qui ne demande pas mieux que d'en apprendre davantage sur tous les rouages de l'économie. Nos bulletins de nouvelles devraient également accorder une attention plus marquée au secteur des affaires et des finances et je dois dire que, comme directeur de l'information, j'ai personnellement des projets en ce sens." De conclure M. Deschênes: "Somme toute, nous disposons d'un véhicule extraordinaire pour bien éduquer et informer le public dans le secteur de l'économie comme dans bien d'autres et nous devrions pouvoir l'utiliser davantage à ces fins."

Rendons-nous maintenant sur le boulevard Dorchester et revenons à *Consommateurs Plus.* Un des responsables de cette populaire émission nous a fait part de la difficulté à rester accessible à la majorité des téléspectateurs. Le point de vue économique remplit le tiers de l'émission animée par Simon Durivage. Il semblerait que certains soirs, l'intérêt des téléspectateurs serait moindre que d'autres. Cependant, depuis le début, le contenu et l'orientation de l'émission répondent aux objectifs fixés au départ par les dirigeants de Radio-Canada. Le grand nombre de téléspectateurs qui s'intéressent à cette émission confirme le succès de cette formule.

Dans un article signé par Laurier Cloutier du quotidien *La Presse* pour le magazine *Télé-Presse,* Pierre O'Neil, directeur de l'information à Radio-Canada, déclare: "Il faudrait chercher davantage l'information économique puisqu'on connaît maintenant l'importance des nouvelles financières dans l'actualité."

Ainsi, MM. Deschênes et O'Neil, l'un et l'autre directeurs de l'information aux deux chaînes de télévision française, reconnaissent que les informations à caractère économique ont été négligées jusqu'à dernièrement et qu'il faut apprendre à les incorporer dans les bulletins de nouvelles.

Trop, trop vite

Harry Reasoner, un des grands reporters américains et commentateur de l'émission américaine *60 minutes,* croit que les nouvelles complexes ne se prêtent pas très bien à la télévision: "Il faut être plus bref et plus clair que dans les journaux. Le téléspectateur doit pouvoir tout comprendre en quelques secondes, car il ne peut, comme dans les journaux, relire le paragraphe précédent!"

Un autre populaire commentateur américain, Walter Cronkite, du réseau CBS, déclarait: "Il y a tellement de nouvelles et si peu de temps à y consacrer qu'il faut tout condenser. On comprime tellement que comprendre devient pour les téléspectateurs un défi. Cette hyper-compression signifie inévitablement la distorsion des faits.

"De plus, la télévision est devenue un instrument de distraction qui fait également appel à nos émotions. Donc, on donne moins d'importance aux faits mais plus aux sentiments. Chaque jour nous avons une tonne de nouvelles qu'il faut insérer dans un sac de dix livres! Cette compression produit un effet multiplicateur néfaste pour la crédibilité des représentants des média. Je ne sais pas si la masse va pouvoir s'ajuster, car elle est toujours la dernière à connaître la vérité. Cependant, les principaux dirigeants politiques, syndicaux et ceux du milieu des affaires commencent à s'en rendre compte et s'aperçoivent que leurs messages sont déformés et mal compris."

Nous approchons d'une ère de communications qui ne communiquent plus. Dans ce monde de communication et de rapidité de transmission, les gens dérangent leur horaire afin de tout savoir, de tout faire et de ne rien manquer, tout en se méfiant de tout et de tous.

Voilà, c'est précisément ce que nous essayons de dire aux hommes d'affaires; ils devront eux-mêmes apprendre à parler au peuple et à se faire comprendre. Les média d'information ne sont pas les seuls véhicules. On doit y avoir recours, mais ne pas s'y restreindre.

Faciliter la compréhension

Nous venons de le voir, la rapidité des communications s'accroît, mais la qualité de l'information diminue: en raison de l'abondance de celle-ci, tout est comprimé. Ainsi, lorsqu'on annonce à la radio ou à la télévision que les profits d'une société viennent d'augmenter de 50% et qu'on omet de dire que l'année précédente la même compagnie accusait un déficit, on oublie une donnée essentielle pour la compréhension du public et on l'induit en erreur. C'est un peu lui mentir.

Mais peut-on s'attendre à ce que la radio et la télévision surtout, donnent tous ces renseignements? On l'a vu. Les nouvelles sont trop nombreuses, le temps trop court. D'où la nécessité et l'urgence d'inculquer des connaissances suffisantes en économie à la population pour qu'elle puisse elle-même juger et faire la part des choses. Les hommes d'affaires sont les principaux intéressés, ce sont donc eux qui devraient fournir les possibilités à la population en s'assurant d'une présentation objective et non biaisée.

Les média d'information ont toutefois eux aussi un effort à fournir. Cet effort pourrait et devrait devenir beaucoup plus important. Prenons l'exemple de la télévision: de plus en plus de gens s'attendent à voir des émissions de qualité présentées d'une façon constructive et, aux États-Unis du moins, de plus en plus de gens ne regardent que les bonnes émissions ou encore que les émissions populaires. Ils commencent à s'intéresser à autre chose qu'à la télévision: le cinéma, le sport ou leur passe-temps favori.

Au Québec et au Canada, on n'en est pas encore là, mais nous verrons probablement le même phénomène se produire chez nous très bientôt.

On exige de la qualité

Ainsi, les gens commencent à bouder la télévision. Aux États-Unis aujourd'hui, au Québec demain.

Pourquoi? Tout simplement parce que la qualité a diminué et que les gens n'y apprennent plus rien. Même les émissions de divertissement ont moins d'audience si elles ne répondent pas aux goûts des téléspectateurs.

Les trois réseaux américains ont connu au cours de la saison 1978-79 leur pire année. Ils ont perdu le pouls de la population. On oublie de produire ce que les gens aimeraient. Moins d'Américains regardent la télévision, parce qu'ils sont dégoûtés du contenu des programmes, du manque d'imagination et des nombreuses répétitions ainsi que de la piètre qualité des textes.

On sait quelle est l'importance de la cote d'écoute aux États-Unis. Une augmentation d'un pour cent sur les deux autres concurrents signifie plus d'un million de dollars en publicité additionnelle. C'est une bataille continuelle, sans merci, entre NBC, CBS et ABC.

Au cours de l'automne de 1978, on a vu apparaître vingt et une nouvelles émissions. Deux mois plus tard, huit disparaissaient et sept autres, en janvier 1979 se voyaient assurées de ne plus revenir sur les ondes. Pourtant, on a dépensé en 1978 environ $738 millions pour la production d'émissions.

La guerre des cotes d'écoute entre les trois réseaux provoque la disparition de plusieurs émissions qui auraient pu devenir rentables et valables. Si une émission ne se classe pas parmi les "15 grandes américaines" (les 15 émissions les plus populaires), elle risque d'être retirée du circuit et cela deux ou trois mois seulement après son entrée. Une telle instabilité amène le public à se désintéresser de la télévision.

Ce n'est plus la qualité qui prime, c'est la nécessité de créer l'émission la plus populaire, à tout prix. Cette bataille entre les réseaux, afin de récolter les millions des agences de publicité combinée à la fréquence des nombreux messages publicitaires, entraîne les téléspectateurs à se tourner vers la télévision éducative et la câblovision. Ainsi, en 1978, PBS a vu son audience grimper de 27% tandis que le Home Box Office a doublé le nombre de ses abonnés.

Il est fort possible que le même phénomène se produise un jour chez nous, à un degré moindre. Nos deux chaînes françaises pourraient contrer cette vague en présentant justement quelques émissions complémentaires qui répondraient aux besoins de la population.

Cet effort leur permettrait précisément de remplir plus complètement leur rôle envers les citoyens.

Chapitre 8
Ce qu'est au juste
l'économie

Après avoir fait l'historique de la monnaie et des échanges monétaires à travers l'histoire de l'or et de l'argent, nous avons découvert la nécessité et l'importance des connaissances économiques dans notre vie quotidienne et nous avons souligné le rôle que devraient jouer à ce sujet les dirigeants de certains secteurs de la société. Nous avons également analysé le type de contacts existant entre les divers groupes de pression et leurs responsabilités.

Maintenant que les pions sont placés sur le damier, voyons ce qu'est au juste l'économie et ses règles. C'est là le meilleur moyen pour augmenter nos chances de gagner par la suite sur le grand échiquier économique. Avant de rivaliser avec les Anglais, les Américains, les Russes et bientôt les Chinois, il faut apprendre à placer les pions. Ensuite, nous pourrons penser à préparer la planification des stratégies.

Les règles du jeu

Qu'est-ce que l'économie? C'est un choix et un marché.

C'est un *choix* fait par un individu, un groupe d'individus ou par une société. C'est un marché entre un acheteur et un vendeur.

En fait, l'économie, c'est la satisfaction des demandes que font les membres d'une société. C'est, en effet, le système qui permet au capital humain d'allier le capital financier et de puiser dans les richesses naturelles et le savoir-faire d'une société afin de produire et de distribuer les biens et les services qu'exigent les membres de ladite société.

Dans l'énoncé du paragraphe précédent, on peut relever quatre éléments majeurs, à savoir:

1) l'union du capital humain au capital financier;
2) le recours aux richesses naturelles;
3) l'appel au savoir-faire et à l'habileté des membres;
4) la production et la distribution des biens et des services.

Certains systèmes économiques permettent de produire et distribuer les biens dont ont besoin les membres de la société. D'autres systèmes limitent la production à ce que veulent les dirigeants ou encore n'allouent la distribution qu'à ceux qui auront été choisis ou privilégiés.

À bas les... ismes

Dès qu'on mentionne le mot "système", on se heurte aux systèmes en... ismes: libéralisme, capitalisme, socialisme, communisme et plusieurs autres! Au risque de décevoir le lecteur, nous allons tout simplement ignorer ces étiquetages pour la bonne raison qu'ils sont devenus, dans bien des cas... des sophismes. Un défenseur de la thèse marxiste sera convaincu que nous subissons au Canada un capitalisme à outrance alors qu'un adepte du capitalisme sera, lui, persuadé que le Canada est devenu un pays socialiste! Non seulement les deux ont tort, mais ils ne se comprennent pas, ce qui est plus grave.

C'est pourquoi nous nous en tiendrons à quatre sortes de systèmes économiques que nous appellerons: traditionnel, d'ordonnance, décentralisé et mixte.

1) le système traditionnel consiste en la répétition des décisions prises précédemment. Tout est prévu. Tout est écrit ou transmis de père en fils, de génération en génération. Tout est décidé d'avance. On n'a qu'à suivre la route tracée.

On peut encore trouver ce système dans certains pays d'Asie et d'Afrique.

2) Le système d'ordonnance où les décisions sont prises par une autorité quelconque, permet aux dirigeants de tout contrôler. C'est évidemment la situation en URSS et en Chine.

3) Le système décentralisé permet à tous les individus une participation quelconque dans le processus économique par l'expression de leurs demandes, leurs besoins ou leurs désirs, ou encore en allouant à ces individus les moyens de se satisfaire eux-mêmes en produisant ce qu'ils recherchent. C'est le système que connaissent d'une manière générale les principaux pays d'Europe, le Canada et les États-Unis, avec la réserve que nous faisons ci-dessous.

4) Le système mixte est un mélange de deux ou de plusieurs des systèmes précédents et on peut le vivre en partie au Canada, aux États-Unis et dans certains pays d'Europe.

Comme on peut le remarquer, dans les deux premiers systèmes, ceux que nous avons appelés de tradition et d'ordonnance, les moyens de production se retrouvent aux mains des gouvernants. Dans le système décentralisé, les moyens de production demeurent aux mains des individus ou groupes d'individus.

Le battement du coeur économique

Le tableau 8A décrit le battement du "coeur économique" et le fonctionnement du système sanguin qui nous fait vivre en Amérique.

Au bas du tableau, notre gentilhomme nous dévoile les trois facteurs nécessaires au marché de la production. La terre représente les richesses naturelles; les mains et la pelle, le capital humain; le dollar, le capital financier.

Notre homme peut être propriétaire du terrain, qu'il vendra ou louera. Il peut aussi bien posséder des capitaux qu'il prêtera ou tout simplement disposer de son temps et de ses talents.

Les compagnies paient pour ces trois facteurs de production. Qu'elles achètent ou louent le terrain, les compagnies doivent payer des salaires pour le temps que leur donnent les employés et payer des intérêts à ceux qui leur ont prêté des capitaux. Ces trois facteurs de production permettent à la compagnie de produire une marchandise qui sera vendue aux consommateurs. En retour, la compagnie reçoit des montants qui lui permettent de payer notre bonhomme soit pour son temps, soit pour les capitaux qu'il a prêtés ou encore pour l'utilisation de sa propriété.

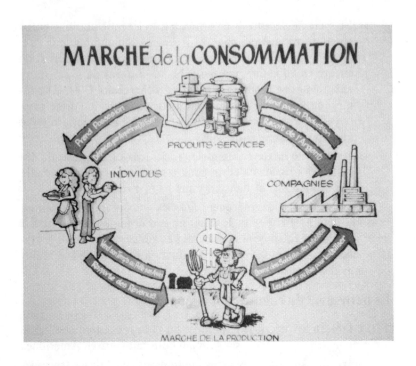

MARCHÉ de la CONSOMMATION

PRODUITS-SERVICES

INDIVIDUS

COMPAGNIES

MARCHÉ DE LA PRODUCTION

Nous voilà donc arrivés sur le marché de la consommation. La compagnie vient de vendre ce qu'elle a produit.

Notre gentilhomme revient à la surface en achetant ces produits pour sa consommation personnelle ou celle des membres de sa famille. C'est ainsi qu'avec l'argent qu'il a reçu auparavant, il pourra payer la marchandise qu'il désire et en devenir le possesseur.

L'importance d'un choix

Les efforts, les talents et les avoirs de notre homme ont permis à la compagnie de produire. L'efficacité des administrateurs de cette compagnie et leur habileté à produire ont permis à celle-ci de satisfaire les goûts, les désirs et la demande de ce même monsieur.

Quels sont ces goûts et ces désirs? C'est précisément à ce stade qu'apparaît le choix. Quel est ce choix?

Vous avez un téléviseur portatif qui se détériore. Vous avez le choix de le réparer vous-même, de le faire réparer, d'en acheter un autre, si vos moyens le permettent ou d'emprunter. Vous avez également le choix de vous en passer, tout simplement.

Quel que soit votre choix, vous avez changé quelque chose dans le rouage économique, sauf dans les premier et dernier cas.

Les $300 que vous dépensez, si vous décidez de changer le téléviseur, auraient pu servir à l'achat d'un complet. Vous auriez eu normalement, un téléviseur et un complet. Maintenant, vous avez toujours le téléviseur, mais pas le complet. L'achat d'un complet aurait permis au tailleur de faire un profit additionnel. Ce profit aurait pu être suffisant pour le convaincre d'emmener sa femme au restaurant. Le restaurateur aurait augmenté ses recettes de la soirée, l'hôtesse aurait reçu un pourboire de plus.

Tout ceci a été perdu pour l'économie du pays ou ne s'est pas engrené dans le rouage parce que le complet n'a pas été confectionné. Dans le choix ci-dessous, l'impact sur la compagnie productrice des téléviseurs aurait été moindre si la même somme avait été acheminée dans un milieu restreint comme celui du restaurateur et du tailleur.

Peu importe qui profite le plus d'une dépense, il reste néanmoins qu'il y a eu un choix. Ce choix a occasionné une série de réactions. Un autre choix aurait provoqué des réactions différentes, dans des milieux différents. Par exemple, une somme de $1 000 dépensée par un touriste à l'étranger sera certainement moins profitable à la communauté où il habite!

Choisir avant d'agir

Les individus font des choix, mais les gouvernements font aussi des choix, au nom de tous les individus.

Prenons le cas d'une région où le chômage atteint un taux trop élevé. On décide alors d'y construire un pont afin de faire travailler les gens. Il est évident que la construction d'un pont, projetée simplement pour créer des emplois, va avoir un tout autre impact économique que si ce pont était construit par nécessité, par suite d'une circulation trop achalandée ou pour développer certains services connexes.

Au lieu de se demander où un pont serait utile, on se dit: "Où peut-on construire un pont?"

Lorsqu'il faut absolument trouver du travail aux gens, la question de savoir si ce type de travail est vraiment utile passe au second plan.

Et si, finalement le coût du pont s'élève à un million de dollars (au lieu des $350 000 prévus au départ), eh bien, il s'agit d'un million de dollars que le gouvernement devra aller chercher en impôts ou d'un million de dollars de moins dans les goussets des contribuables. En effet, chaque dollar dépensé par le gouvernement doit provenir des poches des citoyens par taxation ou par impôt.

"On peut toujours emprunter", direz-vous. Mais oui, c'est ça! Vous aurez l'emprunt et les intérêts de cet emprunt à défrayer. Un dollar emprunté vous en coûtera trois au remboursement.

"Il ne faut pas s'en faire, c'est le gouvernement qui paie... avec les taxes et les impôts." Et qui paient les taxes et les impôts?

Perdu et caché

Mais revenons à notre pont et à notre million. Nous avons vu qu'une dépense gouvernementale de $1 000 000 veut dire $1 000 000 de moins dans les mains des citoyens.

"Oui, mais on a créé des emplois, on fait travailler du monde!", peut-on entendre de la bouche de plusieurs.

Peut-être! Mais il faut prendre en considération que, pour chaque emploi créé pour la construction du pont, on peut compter un emploi perdu du fait que cet argent n'a pas été dépensé par le public. En effet, si ce million de dollars avait été dépensé par l'ensemble des citoyens, on aurait assisté à une activité économique plus forte, ce qui aurait créé de nouveaux emplois.

On voit l'emploi créé (par le gouvernement), mais on ne réalise pas celui qui a été perdu du fait que l'argent a été retiré des mains des citoyens.

On pourrait aussi étudier les effets bénéfiques d'un projet plus pratique et plus rentable pour la société que la construction non nécessaire d'un pont. La seule utilité du pont fut de créer, pour un certain temps, des emplois. Mais à quel prix? Il aurait été préférable de laisser cet argent aux mains des contribuables ou encore de présenter un projet, moins spectaculaire quant aux emplois créés, mais utile au développement futur de l'économie.

Lorsque les autres dépensent pour nous

Il est important de réaliser que tout ce que nous obtenons doit être payé tôt ou tard. Il faut donc essayer d'obtenir le plus en payant le moins possible.

Dans un système économique donné, le gouvernement dispose d'une somme fixe; il doit se débrouiller avec ce montant. On ne peut gonfler indéfiniment les dépenses si les revenus ne compensent pas. C'est un peu ça, l'inflation.

Lorsqu'un couple décide, pour une sortie, de quitter la maison avec $100 en poche, si la note monte à $150 au cours de la soirée, ils devront dénicher $50 au cours des prochains jours. C'est simple, il manque $50 et quelqu'un devra le rembourser, un jour ou l'autre.

C'est la même chose au niveau de la société et du gouvernement. Lorsqu'on exige un service du gouvernement, il faut le payer en impôts ou en taxes. C'est pourquoi, il est très important de savoir choisir, parce qu'il faut payer pour obtenir un produit ou un service, même s'il vient du gouvernement et surtout s'il vient du gouvernement.

Il faut commencer par apprendre à choisir pour soi-même, pour son budget personnel et familial. Si les individus savent choisir pour eux-mêmes, ils pourront forcer les gouvernements à mieux choisir au nom de la société, d'où l'importance des connaissances économiques.

Un gouvernement qui fait de bons choix, encourage le progrès de la société et le développement de ses membres.

Dans un régime démocratique, les citoyens ont la faculté de changer leurs gouvernants si ces derniers n'ont pas pris les bonnes décisions.

C'est aussi un marché

En plus de reposer sur un choix, nous savons que la base du sytème économique c'est le marché entre un vendeur et un acheteur, soit l'offre et la demande, ce qui détermine la quantité à être achetée et vendue et le prix de cette transaction. On n'achète pas seulement parce qu'on veut quelque chose ou qu'on a besoin de quelque chose, mais aussi par suite des prix et des quantités offertes.

Lorsque les pommes coûtent vingt-cinq cents l'unité, un consommateur peut décider d'en acheter une par jour. A quinze cents, il pourra décider d'en manger deux par jour. À dix cents la pomme, notre consommateur pourra quotidiennement en déguster trois.

Cependant, ce procédé ne peut se répéter indéfiniment, car il existe une limite à manger des pommes dans une journée et ce, jour après jour.

Saturation et substitution

D'une façon moins imagée, cela veut dire qu'on atteint un prix minimum au-delà duquel toute baisse additionnelle dans le prix ne changera en rien la quantité d'objets qui va être consommée. C'est ce qu'on appelle une saturation de la consommation.

En prenant le procédé inverse, une tendance des prix vers la hausse pourra réduire le nombre de pommes vendues. Ainsi, si une pomme coûte cinquante cents, on limitera sa consommation à deux ou trois par semaine. C'est alors qu'apparaît le phénomène de substitution. Le consommateur décide de prendre un autre fruit, moins cher, afin de compenser.

Au niveau du producteur

À vingt-cinq cents la pomme, les producteurs devraient être intéressés à l'entretien d'un certain nombre de pommiers. À quinze cents l'unité, plusieurs producteurs peuvent décider que le tout n'est pas assez lucratif et tout simplement limiter le nombre de pommiers, ce qui va donner une quantité moindre de pommes pour la consommation et, par conséquent, une hausse dans les prix. Cette augmentation de prix obligera le consommateur à diminuer ses achats, d'où une nouvelle pression sur les prix, cette fois vers la baisse.

Dans ce jeu de pression, vers la hausse ou vers la baisse, conséquemment aux prix, aux quantités disponibles et aux quantités demandées, les fournisseurs décideront de stimuler ou de réduire la production. Ils prendront également en considération le nombre d'heures nécessaires à cette production, les facteurs de risque ainsi que les efforts qu'ils jugeront utiles ou non de fournir.

Parmi les facteurs risqués, si l'on continue avec l'exemple de l'alimentation, on peut dénombrer les périodes de sécheresse ou de pluies trop abondantes, et la dévastation par les insectes. Il ne faut pas ignorer non plus d'autres problèmes comme les grèves, la question du transport, la disponibilité de l'argent, la compétition, la machinerie, etc.

Facteurs psychologiques

Un autre phénomène peut se produire et changer toutes les prévisions du producteur. Supposons qu'un enfant meure empoisonné après avoir mangé une pomme. Automatiquement, toute la production de ce verger devient invendable.

La rumeur s'étendant, il est possible que cela nuise à la vente de toute une région, du moins pendant quelque temps, même après la preuve que le décès n'avait aucun rapport avec la pomme consommée. Les pommes pourront alors se vendre à deux cents et l'offre sera considérable, mais les acheteurs se feront quand même rares.

Prenons l'hypothèse contraire. Un savant découvre que les pommes cueillies avant le lever du soleil, contiennent une vitamine de longévité! Eh bien, toutes les pommes vont disparaître, même à cinq dollars l'unité.

On se rend donc compte que c'est le marché qui détermine les prix et les quantités. Cette entente entre un vendeur et un acheteur plus cette rencontre entre l'offre et la demande forment la base de notre économie.

Ce coeur économique est activé par nous tous, les consommateurs. Nous sommes les maîtres. Nous décidons quand acheter, quoi acheter, de qui acheter et à quel prix. Personne ne peut nous obliger

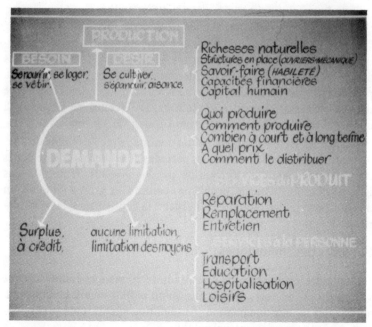

à acquérir tel produit à tel prix ou nous empêcher d'effectuer des substitutions.

Tout citoyen possède le choix de disposer à sa guise de son budget. Il doit réaliser qu'il contrôle beaucoup plus qu'il ne le pense, car il est le maître de ses achats, de ses dépenses et de ses économies.

On veut toujours quelque chose

Dans une économie libre, comme le montre le tableau 8B, la demande se crée par des besoins et par des désirs.

Nous avons tous besoin de nous nourrir, de nous vêtir et de nous loger, du moins en Amérique et dans la grande Europe. Certains habitants de l'Afrique ont une liberté que nous n'avons jamais eue, celle de ne pas avoir à se couvrir. Quant au logement, ils ne sont pas trop exigeants.

Les désirs proviennent de la volonté de se cultiver: parcourir des livres, poursuivre des études, voyager; de s'épanouir: progresser dans son travail, faire des efforts pour obtenir des promotions ou influencer ses concitoyens; de jouir de plus d'aisance: niveau de vie plus élevé, plus grand nombre d'appareils ménagers, plus beaux vêtements, plus de confort. Ces demandes, qu'elles naissent d'un besoin ou d'un désir, peuvent être comblées par les épargnes déjà accumulées ou encore par des emprunts.

Il faut remarquer qu'il n'existe aucune limitation dans les demandes. On peut toujours demander et vouloir quelque chose. Cependant, on retrouve une limitation dans les moyens de satisfaire à ces demandes. Ce n'est pas toujours les pays où ceux qui ont le plus besoin de demander qui peuvent nécessairement avoir satisfaction. Ainsi, les demandes créées par des besoins sont beaucoup plus pressantes aux Indes qu'aux États-Unis. Cependant, ce sont les Américains qui sont en mesure d'obtenir satisfaction plus facilement et rapidement à la production de leurs propres demandes ou exigences.

Parmi les principaux facteurs de production, on remarque les richesses naturelles, les structures en place (ouvriers, machinerie), le savoir-faire (compétence et spécialisation des travailleurs disponibles) les capacités financières et le capital humain (sens de l'organisation, goût du risque, sens de l'entreprise).

Même si la réunion de tous ces facteurs est d'un grand secours pour une société, on ne peut passer sous silence la situation d'un pays comme le Japon qui ne compte pratiquement aucune richesse naturelle.

Pourtant, les Japonais ont réussi à bâtir l'une des plus fortes économies au monde, même si leur pays a été entièrement détruit en 1945, après la Deuxième Grande Guerre.

Comment se fait-il qu'avec autant de richesses naturelles, le Québec n'ait pas su imiter l'exploit extraordinaire du Japon, pays qui importe à 95% ses matières premières. La réponse ne se trouve pas dans le vent, comme le dit la chanson, mais, vous l'avez deviné, dans les autres facteurs de production qui figurent au tableau B.

À ceux qui diront que le Japon a une population de 100 millions, en comparaison des 6 millions de Québécois, nous disons que le Québec possède un marché de 250 millions de consommateurs. Et Dieu sait s'ils consomment. Ils consomment même tellement qu'ils gaspillent! Ce n'est pas l'esprit défaitiste qui a fait la force et le succès des Américains. Si les Japonais ont réussi à bâtir une économie si forte, sans richesse naturelle, que font les Québécois?

Toujours au niveau de la production, il faut savoir quoi produire (ce qui doit se vendre), comment le produire (doit être de bonne qualité), quelle quantité produire à court et à long terme (par exemple, ne pas sortir des manteaux d'hiver au printemps), à quel prix (être concurrentiel: ne pas produire un article qui coûte $4.50 à fabriquer alors que les compétiteurs le vendent sur le marché à $3.75) et comment le distribuer (avoir un bon réseau et une équipe de ventes et promotion efficace).

Les services après-vente se révèlent d'une importance primordiale si l'on veut que la clientèle revienne. Il faut offrir un service de réparation, de remplacement et d'entretien afin de garder un contact continu avec le client et convaincre ce dernier que la maison prend bien soin de lui, surtout après l'achat.

Quant aux autres services qui s'adressent surtout à l'individu, tels que le transport, l'éducation et les services hospitaliers, ils relèvent en grande partie des pouvoirs en place. Il s'agit d'expectatives de la part des citoyens. On pourrait dire que ces demandes sont des besoins, voire même des nécessités.

L'économie libre

Lorsqu'une société permet à ses membres de disposer comme bon leur semble de leurs talents, de leurs avoirs et de leur temps, on peut hisser la voile de l'économie libre.

Ceux-ci doivent cependant s'assurer que les navigateurs savent se servir de la boussole. Les citoyens deviennent donc responsables parce que ce sont eux, en tant qu'électeurs, qui élisent ces navigateurs ou les gardent à leur poste.

Lorsque les membres d'une société s'aperçoivent que le bateau dérive, c'est leur devoir et leur responsabilité de changer l'équipage ou du moins ceux qui ne sont pas à la hauteur de la tâche.

En économie libre, les citoyens doivent donc être conscients qu'ils sont les maîtres à bord... après Dieu!

Chaque citoyen possède des avoirs dont il peut disposer comme bon lui semble. Même ceux qui n'ont rien ont quelque chose. Ils sont des millionnaires... en puissance: leur temps, leur talent, leur énergie... tout cela vaut quelque chose. Ça se vend ou on peut le faire fructifier. Il faut savoir monnayer ces éléments. Il faut apprendre à s'en servir afin de réaliser quelque chose, pour soi-même et pour les autres.

Seuls, ceux qui le veulent, sont pauvres.

Une question de maturité

Il faut savoir dépenser aussi. Disposant d'une somme de $100 par semaine, certains préféreront s'acheter une automobile, d'autres des vêtements, quelques-uns voyageront ou iront au restaurant. Plusieurs épargneront afin de réaliser plus tard un de leurs souhaits ou en profiteront pour se cultiver. Chacun est libre d'utiliser le montant qu'il a en sa possession et de faire les substitutions de son choix, selon ses goûts, ses aspirations et sa maturité.

Un des rôles du citoyen consiste à consommer. En tant que consommateur, il décide et contrôle, beaucoup plus qu'il ne le réalise ou ne veut le réaliser.

Il faut admettre qu'un grand nombre de consommateurs n'aime pas prendre ses responsabilités. C'est toujours plus facile de blâmer "les autres" ou d'attendre que "les autres" fassent tout à sa place.

Nous l'avons déjà dit, le consommateur est le seul qui décide quel produit il doit acheter et de quelle compagnie l'acheter. Pour se procurer les bons produits et les substituer à d'autres au besoin, il faut savoir choisir. À cette fin, un peu de connaissance de base en économie ne nuit pas. L'accès à l'information devient à ce moment-là un outil important. C'est précisément un des rôles que doivent jouer les média, comme nous l'avons vu précédemment.

Des notions de base en économie permettent de faire la part des rumeurs, des fausses nouvelles et de la mauvaise publicité. Avoir un bon jugement, faire de bons choix, de bons achats, être capable de se guider et de s'y retrouver un peu dans les méandres du monde des affaires, de la finance et de l'économie, c'est s'aider soi-même. C'est aussi faciliter le rayonnement d'une économie libre parce que le fait que les citoyens aient un plus grand sens de leurs responsabilités permet une plus grande efficacité dans l'administration des biens publics.

Lorsque politiciens ou fonctionnaires font des erreurs, c'est nous qui payons et qui en souffrons. Souvent, la génération qui suit en subit les dégâts. De là la nécessité de surveiller le comportement et l'efficacité de nos dirigeants. Si ceux-ci perdent la boussole, il faut changer l'amiral et son équipage.

Ce n'est pas lorsque le bateau s'échoue, encore moins lorsqu'il se fait déchiqueter par les dents des récifs, qu'on doit commencer à réaliser que les navigateurs n'avaient pas hissé la voile de l'économie libre.

Tel que nous l'indique le tableau 8C, il y a 200 ans, 80% de la population vivait de l'agriculture, en comparaison avec 5% aujourd'hui.

Il y a 200 ans, huit personnes, travaillant de 12 à 16 heures par jour, réussissaient à peine à produire la nourriture pour leur famil-

le et une personne additionnelle. Aujourd'hui, une seule personne produit suffisamment de nourriture pour 19 familles et il en reste même pour l'exportation!

Comme l'a dit le célèbre économiste américain Milton Friedman: "Cette réussite a été le miracle de l'Amérique... grâce à l'entreprise privée."

Vive la liberté libre

Liberté de production, liberté de consommation, liberté de choix, libre jeu de l'offre et de la demande, liberté de travailler plus fort ou moins fort, liberté d'acquérir des biens et d'en disposer, liberté d'avoir la possibilité de réaliser ses désirs, eh bien, toutes ces libertés, seule l'économie libre peut nous les procurer.

Jusqu'à ce jour, et pour bien longtemps encore, l'entreprise privée s'est révélée le meilleur instrument pour y accéder. C'est elle qui a légué aux citoyens la liberté de pouvoir, au moins, penser à différentes libertés.

Grâce à l'entreprise privée, tout citoyen pauvre ou riche à sa naissance, possède ce privilège précieux de pouvoir concrétiser ses rêves, ses désirs, ses demandes et ses aspirations, s'il fait les efforts nécessaires.

C'est un héritage inestimable que nous ne devons pas au communisme ni au collectivisme, ces théories que les Russes et les Chinois eux-mêmes commencent à délaisser, car ces théories n'ont pas su et ne sauront pas donner à chacun des citoyens, sans exception, leur vraie liberté.

Dans notre tome II de la série *L'or et l'argent,* nous aborderons ce sujet d'une façon plus élaborée, dans un chapitre intitulé: "L'inefficacité d'un certain ministère et une gestapo québécoise."

Chapitre 9
Les notions théoriques
du placement

Les milieux financiers

Rue St-Jacques à Montréal

Bay Street à Toronto

Wall Street à New York

Voilà trois adresses bien connues dans le monde des affaires, mais qui suscitent toujours la curiosité de bien des gens.

Que se passe-t-il dans ces grandes rues de la haute finance?

Même si vous ne fréquentez pas assidument l'une de ces grandes avenues économiques, vous pouvez quand même y pénétrer. C'est probablement le désir et le rêve de chacun d'entre nous, de pouvoir, un jour, prendre sa retraite non pas millionnaire, mais indépendant financièrement et à l'abri de tout souci pécuniaire. Malheureusement, très peu d'entre nous y parviennent.

Beaucoup de gens réussissent malgré tout à épargner, mais s'aperçoivent, un peu trop tard, que l'argent ainsi économisé au cours de nombreuses années, ne possède plus le même pouvoir d'achat ou encore n'a plus la même valeur. Il faut apprendre à préserver le pouvoir d'achat de l'argent qu'on a mis de côté.

Cependant, avant de poursuivre, il serait préférable que nous définissions au départ certains termes de placement. Ainsi, il nous sera plus facile de nous comprendre tout au long de ce chapitre. Voici très brièvement, les principaux termes de base:

Action: droit de copropriété qui permet de participer aux profits d'une compagnie.

Obligation: titre de dette qu'un gouvernement s'engage à rembourser à une date déterminée.

Débenture: titre de dette non-garantie par des éléments d'actif qu'une compagnie s'engage à rembourser au prêteur, à une date déterminée.

Dividende: revenu provenant d'une action, mais qui n'est pas fixe et, par conséquent, peut changer d'une année à l'autre, selon les profits de la compagnie. Un abattement fiscal est permis sur les montants perçus en dividendes de compagnies canadiennes soumises à l'impôt.

Intérêt: revenu payé par le gouvernement ou une compagnie, ordinairement tous les six mois, aux détendeurs d'une obligation ou d'une débenture. Le taux de l'intérêt payé, au moyen de coupons, est déterminé d'avance et ne peut changer.

Gain en capital ou appréciation du capital

C'est la différence entre le montant payé et le produit de la vente d'une action, d'une obligation ou d'une débenture. Depuis 1972, 50% de la somme réalisée en gains est imposable et 50% de la perte devient déductible pour fins d'impôts.

En résumé, avec une action, vous devenez copropriétaire avec droit de participation aux profits.

Avec une obligation ou une débenture, vous ne faites que prêter votre argent à un taux fixe, pour un nombre d'années déterminé.

Avec une action, vous pouvez recevoir un dividende, mais ce dernier peut varier. Et une dernière définition:

Parquet de bourse: endroit où les courtiers en valeurs mobilières, membres de la bourse en question, peuvent effectuer les opérations de leurs clients respectifs.

Ces opérations permettent de maintenir un cours réguliers des titres inscrits à cette même bourse.

Seules les maisons de courtage qui ont acheté un siège, c'est-à-dire un droit d'accès, peuvent y déléguer leurs représentants.

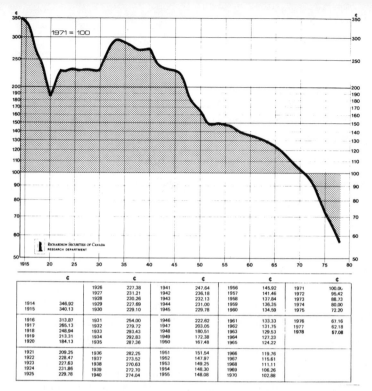

Year	¢	Year	¢	Year	¢	Year	¢	Year	¢
		1926	227.38	1941	247.64	1956	145.92	1971	100.00
		1927	231.21	1942	236.18	1957	141.46	1972	95.42
		1928	230.26	1943	232.13	1958	137.84	1973	88.73
1914	346.92	1929	227.69	1944	231.00	1959	136.35	1974	80.00
1915	340.13	1930	229.10	1945	229.78	1960	134.59	1975	72.20
1916	313.87	1931	254.00	1946	222.62	1961	133.33	1976	67.16
1917	265.13	1932	279.72	1947	203.05	1962	131.75	1977	62.18
1918	248.94	1933	293.43	1948	180.51	1963	129.53	1978	57.08
1919	213.31	1934	292.83	1949	172.38	1964	127.23		
1920	184.13	1935	287.36	1950	167.48	1965	124.22		
1921	209.25	1936	282.25	1951	151.54	1966	119.76		
1922	228.47	1937	273.52	1952	147.97	1967	115.61		
1923	227.63	1938	270.63	1953	149.25	1968	111.11		
1924	231.86	1939	272.70	1954	148.30	1969	106.26		
1925	229.78	1940	274.04	1955	148.08	1970	102.88		

Pouvoir d'achat du dollar canadien

En prenant l'année 1971 comme base pour une valeur de 100, le pouvoir d'achat de notre dollar s'est effondré à 57 cents au début de 1979.

On peut constater qu'en 1933, on pouvait acheter pour presque trois fois plus avec le même dollar et trois fois et demie en 1914.

À remarquer qu'entre les années 1920 et 1934, le pouvoir d'achat du dollar canadien s'est accrû. Ce fut la seule exception au cours du siècle.

En prenant la valeur de 190 en 1920, on se rend compte qu'il a fallu presque trente ans avant d'en arriver à une perte dans le pouvoir d'achat de notre dollar.

Les taux d'inflation d'aujourd'hui anéantissent toutes les possibilités de revivre ces années où un dollar gagné valait un dollar dépensé.

Source: *Richardson Securities of Canada.*

95

Depuis vingt ans, le pouvoir d'achat du dollar a diminué de près de 60% c'est-à-dire qu'un dollar, épargné en 1961 et mis de côté, ne vaut plus aujourd'hui, que 41,34 cents, ce qui prouve qu'il faut retirer d'un investissement un profit supérieur au taux d'inflation, si l'on veut au moins conserver le même pouvoir d'achat.

Que faut-il faire de ses épargnes?

Il existe 4 moyens d'en tirer profit:
1) le placement
2) l'investissement
3) la spéculation
4) le jeu

Cette dernière possibilité est sans doute à rejeter. Selon les besoins et les objectifs de chacun, un ensemble des deux ou même des trois premiers moyens devra être envisagé, à savoir le placement, l'investissement et la spéculation.

Avant de voir les moyens ou les outils qui permettront d'atteindre les buts respectifs de chacun, définissons les quatre solutions.

Que signifie placer son argent?

Il s'agit de placements dans des endroits sûrs, où il n'y a pas de risques. C'est viser à un revenu fixe, pour un temps déterminé, tout en assurant la sécurité de son capital. On place son argent à la banque, dans les obligations du gouvernement, dans les obligations d'épargne, dans les hypothèques, dans les compagnies de fiducie. Ce sont des placements sûrs, qui rapportent un intérêt connu d'avance et dont les risques demeurent pratiquement nuls.

Qu'entend-on par investir?

Investir, c'est procéder à l'achat d'un droit de copropriété et de participation dans les profits d'une compagnie à revenus assurés, établie dans une industrie de base et vitale pour l'économie en général. En d'autres mots, c'est l'achat, après une étude approfondie, d'actions d'une compagnie rentable dans l'espoir de jouir d'une appréciation en capital, tout en recevant un certain revenu qu'on appelle dividende. Par exemple, les actions d'une banque, de Bell Canada, de Steel Canada, de General Motors.

Quant à la spéculation...

Elle se fait par l'achat d'actions de compagnies dont les revenus sont généralement peu élevés et les risques beaucoup plus grands. Ainsi, on peut acheter les actions d'une compagnie d'exploitation pétrolière, dans l'espoir qu'elle découvre du pétrole ou du gaz à la suite de forages, ou encore les actions d'une compagnie minière, dans la perspective de la mise en valeur éventuelle de corps de minerai. Dans ces derniers cas, les risques sont élevés, mais peuvent être très lucratifs selon le degré de succès des compagnies en cause. Compte tenu des objectifs et des moyens de chacun, un certain pourcentage de titres spéculatifs, 10, 15 ou 25% peut être envisagé dans la composition d'un portefeuille, dans la mesure où il s'agit de compagnies sérieuses et d'industries d'importance.

Reste la dernière possibilité, que nous avons conseillé d'éviter, même d'ignorer, à savoir jouer avec son argent. À moins d'être un expert, et même un expert perd plus d'argent qu'il n'en gagne. L'achat d'actions à quelques sous, mieux connu sous le nom de "penny stocks" est bien souvent le fait du hasard ou de certaines circonstances incontrôlables. Cet "investissement" demeure par le fait même hautement spéculatif.

Ces actions peuvent aussi bien doubler, tripler ou quadrupler en quelques jours, que le contraire. Nous ne vous conseillons donc pas des achats si vous êtes profane ou novice, à moins que vous n'ayez quelques centaines de dollars à risquer.

C'est pourquoi, nous nous attarderons aux trois premières solutions, à savoir:

1) le placement
2) l'investissement
3) la spéculation

Voyons maintenant la signification du mot portefeuille:

Il s'agit de l'ensemble des titres détenus en obligations et en actions. Selon les objectifs de l'investisseur, la composition du portefeuille pourra prendre une des trois orientations de base suivantes:

1) Très grande sécurité et revenu suffisant. L'accent sera mis sur le placement et le propriétaire sera ordinairement dans la soixantaine ou à la retraite. Son but est donc de protéger son capital et d'en retirer le plus de revenu possible tout en s'assurant une très grande sécurité. Donc, pour lui, beaucoup d'obligations, très peu d'achat d'actions.

2) Appréciation du capital combinée à des revenus. Il s'agira pour ce détenteur de portefeuille d'investir beaucoup plus que de placer. Il pourra spéculer un peu. On verra ordinairement une personne dans la quarantaine ou la cinquantaine tenter d'augmenter son capital tout en recherchant un certain revenu qui l'aidera à boucler le budget de la famille.

3) Portefeuille axé beaucoup plus sur la spéculation que l'investissement et ne contenant pas ou presque pas de placement. Ce portefeuille convient à un jeune dans la vingtaine ou la trentaine qui n'a pas un besoin urgent de son actif ni des revenus du portefeuille. Il est

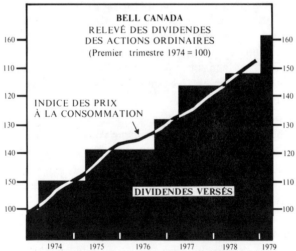

Comme on peut le constater sur ce graphique, l'augmentation des dividendes pour les actionnaires de Bell Canada a été légèrement supérieure à la croissance du taux d'inflation, malgré la forte hausse des dernières années.

donc prêt à prendre certains risques, quitte à n'encaisser les bénéfices que quelques années plus tard.

Nous venons donc de voir les grandes lignes d'orientation pour la composition d'un portefeuille d'actions et d'obligations. Évidemment, chaque cas doit être analysé et étudié séparément. Ainsi, une veuve de quarante ans, sans enfants, qui a des revenus suffisants, pourra se permettre un portefeuille axé beaucoup plus sur l'investissement que sur le placement contrairement à une veuve du même âge, ayant des dépendants et des revenus plutôt faibles.

Pour certaines personnes des revenus élevés seront nécessaires, pour d'autres, des retraits périodiques. Une autre personne cherchera le plus bas revenu possible afin de ne pas augmenter son palier d'impôt.

Comme les facteurs peuvent être divers, les cas le sont aussi. Chacun doit donc trouver l'approche la plus propre à ses objectifs et à ses buts.

Jusqu'ici, nous avons donc vu trois choses:
1) que le pouvoir d'achat du dollar diminue au cours des années;
2) ce qu'on peut faire avec ses épargnes;
3) qu'on peut composer son portefeuille différemment selon les objectifs recherchés.

Combien d'entre vous, par exemple, ont déjà pensé que l'achat de 30 actions de Bell Canada (environ $60 l'action) vous permettrait de payer votre note de téléphone chaque mois avec les seuls dividendes que vous en retireriez. Faisons le calcul ensemble. Chaque action de Bell Canada vous donne $4.65 en dividendes par année. Un compte de téléphone s'élève en moyenne à environ $10 par mois pour un total de $120 pour l'année. Donc 30 actions à $4.65 en dividendes par année suffiront. En plus du fait que ces actions vous donnent droit à un rabattement d'impôt sur vos dividendes, il ne faut pas oublier qu'il existe une possibilité d'appréciation de capital sur vos actions. En d'autres mots, pour $2 000 d'investissements, vous n'aurez plus de téléphone (frais mensuels) à payer pour le restant de vos jours. Vous aurez probablement aussi une plus-value.

Vous voulez investir?

Plusieurs personnes se posent les questions suivantes: dois-je acheter des actions? Quelles actions dois-je acheter? Comment et où est-ce que je peux me les procurer?

Lorsque vous avez un malaise, la meilleure personne à consulter, c'est le médecin. Pour un mal de dent, rien de mieux que de voir un dentiste. Vous avez un problème d'impôt? Voyez votre comptable. Une question de loi, l'avocat vous aidera. Vous avez besoin d'un emprunt? Le directeur de votre banque ou de votre caisse populaire vous conseillera.

Alors pourquoi ne pas aussi consulter les spécialistes dans ce domaine, les courtiers en valeurs mobilières ou encore les conseillers en investissement. Dans la plupart de ces maisons, vous pouvez rencontrer des représentants avertis qui peuvent compter sur l'aide de nombreux analystes et économistes. Ces derniers fournissent continuellement aux représentants de maisons de courtage et aux conseillers en investissement des renseignements à jour sur toutes les compagnies d'importance aussi bien que sur les différentes industries.

Tout développement économique est nécessairement pris en considération et les conséquences possibles en sont analysées.

Devez-vous acheter des actions?

Quelles sont celles que vous pouvez acheter? Seul votre courtier ou votre conseiller en placement le sait! Mais pour vous rendre réellement service, il faut que l'un ou l'autre vous connaisse bien. Plusieurs facteurs les aideront dans leur tâche de vous conseiller dans vos placements: votre situation, vos revenus, votre palier d'impôts, vos objectifs, votre tempérament. Plus votre conseiller en connaîtra sur vous, plus il lui sera facile de vous guider adéquatement. Malheureusement, très peu de clients osent dévoiler ces renseignements pourtant utiles. Selon la somme dont vous disposez et vos objectifs, le courtier ou le conseiller pourra planifier la composition d'un portefeuille qui vous permettra de tirer le maximum de vos revenus ou d'accroître l'appréciation de votre capital; ou les deux.

Comment et où acheter des actions?

Le moyen le moins coûteux consiste à consulter un courtier. Quel courtier choisir? Évidemment, si vous avez demandé conseil à l'un d'entre eux, il serait juste de transiger avec lui. De plus, il s'agit pour lui de la seule rémunération permise, soit la commission qu'il retire de votre transaction. Si vous n'entretenez de contacts avec aucun courtier en particulier, nous vous conseillons de communiquer avec une maison qui est membre d'au moins une des deux bourses de Montréal ou de Toronto.

Si vous faites affaire avec une maison-conseil en investissement, votre conseiller s'occupera de tout pour vous et s'assurera que vous obtenez le meilleur prix à un moment donné.

Quelles sont les personnes qui investissent?

En 1970, la Bourse de Toronto a effectué une recherche et s'est rendu compte que le tiers du volume d'achats et de ventes d'actions appartenait à des personnes dont l'âge variait entre 25 et 44 ans.

Les personnes âgées entre 45 et 64 ans ont compté pour 52% de l'activité tandis que les 65 ans et plus transigeaient pour 13% du volume.

Aux États-Unis, plus de la moitié des actionnaires sont du sexe féminin. Au Canada, la proportion est beaucoup moins forte, soit que les canadiennes contrôlent moins d'argent ou encore que les époux meurent moins vite!

Autant les Européennes se préoccupent de la mode, autant les Américaines s'occupent du marché d'actions et d'obligations. Le fait que les femmes en Amérique du Nord influencent énormément les dépenses à la consommation leur a également ouvert les yeux sur le fait que, d'année en année, elles achètent moins de produits ou de services avec le même dollar. C'est pourquoi, non seulement il leur faut épargner afin de se procurer ce qu'elles veulent pour leur famille, mais il leur faut aussi faire fructifier et accroître les montants économisés. De plus en plus d'épouses deviennent ce qu'on appelle à Wall Street, des "money-managers" ou des gestionnaires. Les époux, de par leur profession et leur occupation, n'ont guère le temps ni les connaissances pour gérer les épargnes de la famille.

Par ailleurs, les femmes d'aujourd'hui ont des fonctions des plus rémunératrices et doivent administrer elles-mêmes leur propre économies.

"Bull market" ou "Bear Market"?

Termes qu'on entend souvent dans les milieux boursiers. Le "Bull market", représenté par le taureau, signifie que les différents indices deviennent ou demeurent à la hausse, ce qui suscite la confiance des spéculateurs et des investisseurs.

Le "Bear market", dont l'ambassadeur est un ours, apporte les mauvaises nouvelles ou laisse en présager. Les indices boursiers marquent une baisse et la méfiance se fait sentir chez les gestionnaires et dans les milieux financiers.

Et malgré l'égalité des sexes et la libération de la femme, ces demoiselles réussissent néanmoins à faire payer leurs sorties par ces pauvres messieurs, d'où une autre supériorité économique!

D'autres formes d'investissement

Il va sans dire que tous les investissements ne se limitent pas à l'achat ou à la vente d'actions, d'obligations ou de débentures.

1) Le marché à terme dans les options a connu ces dernières années une grande popularité auprès des spéculateurs. L'achat ou la vente des options de titres de compagnies pour livraison trois, six ou neuf mois plus tard devient hautement spéculatif et doit être réservé à ceux qui peuvent suivre régulièrement les fluctations de la bourse.

Ces spéculateurs doivent évidemment être en mesure de supporter les pertes possibles dans l'éventualité où le marché jouerait contre eux.

2) Le marché des denrées demeure lui aussi très fortement spéculatif malgré les innombrables services qu'il rend à bien des producteurs et fournisseurs.

Lorsque vous achetez de l'or ou de l'argent ou que vous vous procurez des options, vous pouvez acheter ou vendre des contrats pour livraison future. C'est ainsi que vous pouvez investir dans le blé, la fève soya, le sucre, le whisky, le jus d'orange, la pomme de terre, le café, le coco et même dans le porc.

Par exemple, si vous croyez que le prix de la viande de porc va grimper dans quelques mois, vous achetez un contrat de six ou neuf mois. Cependant, il faut penser à revendre avant l'échéance. Sinon, vous risquez de donner le gite à 3 000 cochons! Vous voyez-vous avec tout ce beau monde dans votre cour? Vos voisins en seraient sûrement très flattés.

Qui achète ou qui vend ces contrats? Évidemment, les spéculateurs comme vous. Mais il y a aussi et, surtout, les producteurs.

Disons que vous possédez de grands champs et décidez d'y cultiver des pommes de terre. Vous avez un acheteur, mais ce dernier ne peut payer qu'à la livraison, qu'il fixe à quatre mois plus tard. Pour vous protéger d'une baisse dans les prix d'ici la date de livraison, vous pouvez vendre votre production à Chicago ou à New York, deux centres qui se spécialisent dans le marché aux denrées tout comme Winnipeg. Ainsi, vous êtes protégé contre toute baisse dans les prix des pommes de terre.

L'acheteur peut être aussi bien un spéculateur, un commerçant qui a besoin de s'assurer d'une livraison à cette date ou qui croit, lui, que les prix vont monter. On peut voir également un fournisseur qui a promis une livraison à cette même période, mais doute de pouvoir livrer la marchandise.

Tous ces gens, chacun ayant des raisons et des fonctions différentes, assurent le fonctionnement du marché des denrées. Seuls les connaisseurs devraient spéculer de cette façon.

3) Les abris fiscaux ou "tax shelters" ont connu une grande vogue aux États-Unis dans les années 60. Les années 70 ont permis aux Canadiens de participer à de nombreux forages dans l'industrie du pétrole ainsi qu'à certains développements de centres commerciaux.

Depuis 1977, surtout au Québec, l'industrie du film a profité de cet instrument qui lui a permis de financer plusieurs tournages à Montréal.

Un abri fiscal vous permet de déduire de votre déclaration d'impôt la presque totalité du montant investi. Si le puits de forage est fructueux ou si le film rapporte des profits, ces derniers jouissent d'un traitement de faveur du point de vue de l'imposition.

Comme les avantages de ces outils mériteraient une analyse plus approfondie, nous suggérons aux personnes intéressées de rencontrer aussi bien un courtier qu'un comptable afin d'analyser le pour et le contre en fonction de leur situation personnelle.

4) En mai 1977, le gouvernement du Québec créait les SODEQ qui permettent au contribuable québécois une déduction fiscale de 25% du capital de risque investi. Ce programme veut encourager la formation de sociétés de développement de l'entreprise québécoise (SODEQ), l'investissement de capitaux dans les petites et les moyennes entreprises du secteur manufacturier et l'aide en matière de gestion à ces entreprises.

5) Les valeurs immobilières, soit l'achat ou la vente d'un immeuble à revenus, d'une résidence, d'un condominium ou de terrains, procurent aussi d'autres possibilités d'investissements. Ces investissements vous obligent cependant à devenir propriétaire à part entière avec tout ce que cela implique en responsabilités, contrairement à l'achat de titres de compagnies à la bourse.

Dans le premier cas, vous êtes propriétaire et responsable. Dans le deuxième cas, vous devenez copropriétaire, sans responsabilité. Votre titre de propriétaire vous oblige donc à la bonne gestion des opérations de votre bien et vous charge de toutes les responsabilités qui peuvent en découler. Il s'agit en fait d'une petite entreprise que vous devez gérer. De nombreux ouvrages existent autant sur les avantages que les désavantages des valeurs immobilières. L'attention que mérite un tel investissement dépasse le but de ce volume et nous vous suggérons la lecture d'ouvrages spécialisés.

6) Il en est de même en ce qui a trait à d'autres genres de placements tels que les collections de timbres, les épreuves numismatiques, les oeuvres d'art, les tableaux et autres. À ce propos, nous reproduisons ci-dessous les résultats d'une étude faite par l'importante maison de courtage Salomon Brothers, sur les meilleurs placements aux États-Unis pour une période de dix ans (1968-77). Le chiffre fourni indique une moyenne annuelle.

Céramiques chinoises	19.2%
Or	16.3%
Timbres	15.4%
Peintures	13.0%
Pièces de monnaie	13.0%
Diamants	12.6%
Pétrole	11.5%
Fermes	10.6%
Maison	9.2%
Argent	9.1%
Monnaies étrangères	6.2%
Obligations	6.1%
Bourse	2.9%

Durant cette période, la moyenne du taux d'inflation a atteint 6,1%. On peut se rendre compte que, depuis dix ans, les performances des bourses américaines n'ont pas été suffisantes pour contrer le taux d'inflation.

Peut-être les années 80 permettront-elles à la bourse de connaître une période de rattrapage comme les années 60 avaient fourni au marché boursier les éléments d'une performance extraordinaire.

Les temps changent, les moeurs aussi et l'histoire tend à se répéter. Les scénarios se réécrivent. Seuls les noms des personnages changent.

Les conseillers et les fiducies

Tous ces genres d'investissements exigent d'innombrables spécialistes pour guider ceux qui ont des épargnes à faire fructifier ou encore des avoirs à protéger contre l'inflation et les dévaluations de devises.

Les conseillers en placement remplissent ce rôle, mais vous ne pourrez trouver une maison spécialisée dans tous les domaines. D'ailleurs, vous devriez limiter vous-mêmes le nombre d'avenues où vous investirez. Ordinairement, les conseillers en placement vont s'intéresser à votre cas si vous possédez une somme assez substantielle. Votre situation sera plus suivie et vous aurez un programme convenant mieux à vos objectifs.

Les maisons de fiducie (trust) font également la gestion d'argent et peuvent couvrir plusieurs territoires à la fois, entre autres les valeurs mobilières et immobilières.

Les fiducies, ayant un personnel assez imposant, peuvent plus facilement que les conseillers accepter de gérer des montants moins élevés.

Dans les deux cas, il sera utile et même nécessaire que vous vous déplaciez afin de rencontrer votre conseiller ou le représentant de la fiducie. Ce dernier doit travailler avec vous, pour vous, et doit vous connaître le mieux possible afin de vous rendre les services que vous êtes en droit d'attendre de lui.

Chapitre 10
Le fonctionnement de la bourse et le rôle des courtiers

Aller au marché ou jouer à la bourse

Lorsqu'on achète des denrées alimentaires, des fruits ou des légumes, il est beaucoup plus facile d'obtenir un meilleur choix, des prix plus avantageux et un inventaire de tous les produits disponibles si l'on se rend dans un lieu central où se rencontrent vendeurs et acheteurs. Cet endroit, c'est le marché.

Tout le monde tire parti de ce regroupement. Le vendeur sait qu'il pourra compter sur un beaucoup plus grand nombre de clients, que s'il restait dans sa localité. L'acheteur, lui, sait qu'il n'aura pas à se déplacer d'un bout à l'autre de la ville pour obtenir les produits qu'il cherche et surtout, à cause de la concurrence que se livrent les marchands, il sait qu'il bénéficiera du meilleur prix possible.

Les mêmes raisons d'économie et d'efficacité valent pour ceux qui désirent acquérir et disposer d'actions de compagnies ou une participation. Ils ont, eux aussi, leur lieu de rencontre pour transiger. C'est la Bourse que ce soit celle de Montréal, Toronto, New York, Londres, Francfort ou autres grands centres européens.

Le jeu de l'offre et de la demande

À la Bourse comme au marché, les prix sont déterminés par le plus ancien des principes économiques: le jeu de l'offre et de la demande.

Les prix fluctuent selon les pressions exercées par les acheteurs ou les vendeurs, les anticipations de chacun quant à l'avenir de l'économie et quant aux performances des compagnies et des industries.

Si un produit est offert en trop grande quantité, il ne se trouvera pas assez d'acheteurs pour acquérir tout ce qui est offert au prix demandé. Le vendeur devra alors baisser ses prix et réduire ses exigences tant qu'il n'y aura pas autant de produits demandés que de produits à vendre.

Inversement, si un produit est rare et si les clients intéressés sont nombreux, ces derniers auront tendance, par le jeu des enchères, à faire monter le prix de ce produit.

Le prix de toute transaction, tant à la bourse qu'au marché, est fixé par la concurrence entre vendeurs et acheteurs.

Un club privé ou public

La Bourse, tant le lieu physique que l'institution, est une entreprise privée. Elle est la propriété de ses membres, les courtiers en valeurs mobilières qui ont acheté un siège. Ils paient de plus une légère commission sur chaque transaction afin d'assurer le bon fonctionnement des différents services de l'institution.

Le parquet de la Bourse — l'endroit où s'effectuent les transactions — ressemble à une vaste fosse où les négociateurs, sur les ordres de leur maison de courtage, achètent et vendent des actions. Ils effectuent leurs transactions verbalement, mais ils n'en sont pas moins soutenus par une impressionnante gamme d'équipement électronique: les tableaux géants des cotes de la Bourse de Montréal, les téléscripteurs et les écrans cathodiques qui permettent de vérifier instantanément le cours et la cote des autres bourses d'Amérique du Nord.

À la Bourse, il y a trois principaux acteurs: le client, les compagnies inscrites et les courtiers. Le client, qu'il soit vendeur ou acheteur, c'est d'abord n'importe quel individu, mais ce peut être également une institution comme une banque, une fiducie, une compagnie d'assurances ou un fonds de retraite. L'acheteur d'actions et celui qui désire disposer de ses actions n'ont pas besoin de se connaître. Pour toute transaction, ils s'en remettront à leurs intermédiaires respectifs: les agents de change d'une maison de courtage. Ceux-ci sont le contact de leurs clients avec tout vendeur ou acheteur éventuel. Ce sont des professionnels qui, moyennant une commision sur les transactions, agissent comme mandataires des clients qui leur ont fait confiance.

C'est alors que débute le processus même de la loi de l'offre et de la demande qui aboutit à la détermination du prix; c'est un processus que nous avons tous remarqué dans les encans.

Un encan ou presque

Les négociateurs des autres maisons de courtage intéressés à transiger sur le même titre pour vendre ou pour acheter, crient eux aussi leurs enchères et les surenchères. À la Bourse, à la différence du marché à l'encan, il y a concurrence non seulement entre acheteur mais aussi entre vendeurs, car une autre maison peut avoir un lot d'actions de la même compagnie à vendre.

Au fur et à mesure que les négociateurs crient leurs enchères, elles sont inscrites par ordre de priorité au tableau de la cote. D'une certaine façon, c'est le tableau qui agit comme maître d'enchères. Lorsqu'un vendeur et un acheteur s'entendent sur un prix, celui qui détient les actions crie: "vendue". La transaction est faite.

Mais avec ces multiples transactions et ces millions de dollars qui ont changé de mains, comment les courtiers arrivent-ils à faire le compte de ce qui revient à chacun? La Chambre de compensation de la Bourse de Montréal, à l'aide de l'ordinateur, dans la demi-heure suivant la fermeture, a déjà fait le bilan de ce que chaque courtier doit en termes de certificats d'actions et en termes de dollars. Le règlement de la Bourse exige que dans les cinq jours suivant la transaction, le courtier de l'acheteur lui remette les certificats d'actions inscrits à son nom et que le courtier du vendeur lui remette l'argent qui lui est dû.

Maintenant, comment acheter ou vendre des actions ou des obligations?

Si vous avez déjà un compte chez un courtier, c'est très simple. Vous n'avez qu'à lui téléphoner et à lui indiquer votre nom et votre numéro de compte et votre désir d'acheter, disons 100 actions de Provigo. Le courtier transmet votre ordre d'achat à son représentant sur le parquet de la Bourse. Ce dernier signale à d'autres représentants d'autres courtiers qui ont déjà manifesté le désir de vendre ces mêmes actions de Provigo, qu'il désire en acheter 100 à tel prix.

L'échange se fait donc, c'est-à-dire que votre ordre d'achat est combiné avec un ordre de vente d'une autre maison de courtage pour le compte d'une autre personne. La transaction est aussitôt communiquée sur le tableau électronique et diffusée dans toutes les maisons de courtage. À peine une minute plus tard, votre représentant reçoit sa confirmation d'achat de 100 actions de Provigo qu'il peut vous communiquer dans la seconde qui suit.

Le processus dans son entier prend environ cinq minutes. Ainsi, vous pouvez liquider un portefeuille de $25 000 ou $400 000 en l'espace de quelques minutes! Vous ne pouvez trouver aucun autre commerce où la liquidation de vos éléments d'actifs puisse se faire avec une telle rapidité.

Des millions de dollars changent de mains chaque jour au Canada et des centaines de millions aux États-Unis par l'entremise du système boursier qu'entretiennent les courtiers en valeurs mobilières. C'est la principale tâche de nos bourses canadiennes et américaines: entretenir un marché constant sur les titres, faciliter et permettre la vente ou l'achat de ces valeurs le plus rapidement possible de la façon la plus adéquate et la plus judicieuse, pour le plus grand bien et des individus et de l'économie de tout le pays.

Mais revenons à votre ordre d'achat de 100 actions de Provigo. Le lendemain de la confirmation téléphonique, (selon l'efficacité de la poste) vous recevez du courtier un bordereau d'achat qui spécifie le nombre d'actions que vous avez achetées, le prix payé et le montant dû. Vous avez ensuite cinq jours pour payer, à l'exclusion du samedi et dimanche ou tout autre jour de fête. Dès que le courtier aura reçu votre argent, il s'empressera de faire immatriculer à votre nom, un certificat de 100 actions que vous devriez recevoir normalement moins de deux semaines plus tard. Cependant, vous devenez actionnaire de la compagnie dont vous avez acheté des parts, le cinquième jour de marché boursier qui suit votre achat.

Une visite chez un courtier vous permettra de constater que plus de 98% de ses affaires se font par téléphone. Chaque jour, il reçoit des dizaines d'appels de ses clients soit pour un achat, une vente, un renseignement ou un commentaire faisant suite à un nouveau développement.

La plupart des courtiers sont équipés d'un "Ticker" qui permet de voir les achats et ventes au fur et à mesure qu'ils se produisent aux bourses de Montréal, Toronto ou New York. Également, des plus pratiques, un téléscripteur électronique ou "videomaster" vous met au courant en une fraction de seconde de la dernière vente, de l'offre et la demande, des cotes les plus hautes et les plus basses de la journée, de la fermeture de la veille, du volume de la journée, des profits de la compagnie et des dividendes payés pour tous les titres inscrits à l'une des principales bourses en Amérique, que ce soit à Toronto, Vancouver, Montréal, New York ou à l'American Stock Exchange.

Toutes ces informations parviennent au bureau du courtier en quelques fractions de seconde grâce à ce téléscripteur électronique, petite machine qui se loue plusieurs centaines de dollars par mois, par unité. Une abréviation a été attribuée à chaque titre et c'est en poinçonnant ce symbole que le courtier obtient les informations voulues et peut prendre sa décision selon les tendances du marché. Ces lettres représentent le symbole d'une compagnie. Ainsi, Bell Canada est représentée par la lettre B, Molson par MOL, Imperial Oil par IMO, Banque provinciale par BPC, Texaco par TXC, etc.

Qu'est-ce qu'une quotation?

Il s'agit de l'offre et de la demande qui permettent de déterminer le cours d'un titre, ce qu'on appelle en anglais "bid and ask". Le "bid price", ou le cours acheteur, est le prix qu'un acheteur veut payer pour un certain nombre d'actions. Le cours vendeur, ou "asked price", indique le prix qu'un vendeur veut obtenir pour se départir de ses actions.

Ainsi prenons le cas de BP Canada. Un acheteur est prêt à payer $21 l'action, tandis qu'il y a un vendeur qui exige $21.50. Tant que ni l'un ni l'autre ne changera son prix, il n'y aura pas de vente à

Valeurs	Ventes	Haut	Bas	Ferm.	ch. Net
Conuco Ltd	1000	$5¼	5¼	5¼	
Conventrs	42816	$10	9⅛	9⅞	+ ⅜
Conwest	500	$7	6⅞	7	
Cooper C	1900	$7⅝	7½	7½	
Cop Fields	7800	$5¾	5½	5¾	+ ⅛
Corby vt	200	$28⅛	28	28⅛	+ ⅛
Coseka R	41680	$10	9¾	10	
Costain Ltd	53175	$10½	10½	10½	
Courvan	62500	58	48	53	+ 1
Craigmt	8400	$7	6¾	7	+ ⅛
Crain R L	1100	$12¼	12¼	12¼	- ¼
Crestbrk	300	$16⅜	16⅜	16⅜	
Crwn Life	100	$63	63	63	
Crwn Trst	100	$31	31	31	- 2⅛
Crown 8¾	100	$21¾	21¾	21¾	+ ¾
C Zelrba A	z75	$24¼	24¼	24¼	
Crush Intl	100	$13¾	13¾	13¾	- ¼
Cuvier M	19600	60	59	60	+ 5
Cygnus A	400	$23¼	23⅛	23⅛	- ⅜
Cyprus	20143	$16	15⅜	16	+ ⅝
Czar Res	82485	$13⅞	12½	12⅞	- ⅞
Czar Res p	900	$34¼	32⅜	33	- 1
D-G					
Dalmy A	100	$9	9	9	+ ⅛
Daon Dev	61950	$18⅞	17¾	18½	+ ¾
Daon A	250	$7⅛	7⅛	7⅛	
Daon 8⅝ p	1300	$9⅜	9⅜	9⅜	- ¼
D Eldona	9700	126	123	126	+ 1
Delhi Pac	14550	64	61	61	- 1
Denison	19995	$30	29¼	30	+ ⅞
Dicknsn	3277	$7⅞	7⅝	7⅞	+ ⅛
Digtech	700	$5	5	5	
Discovry	2100	[illegible]	[illegible]	110	
Doman I					¼
Dome M					
Dom					

Valeurs	Ventes	Haut	Bas	Ferm.	ch. Net
Ivaco	5720	$19⅛	18¾	19⅛	+ ⅞
J Q Res	2000	105	104	104	- 1
Jannock	237	$27¼	27¼	27¼	+ ¼
Jannock 8	100	$15	15	15	+ ¼
Jannock w	700	$15	14¾	15	+ ¼
Jorex Ltd	31000	40	35	40	+ 5
Joutel	16400	130	120	125	- 2
Kaiser Re	26200	$26⅝	25½	26⅝	+1¼
Kam Kotia	63750	$5⅝	470	5½	+ ¾
Kaps Tran	2400	165	160	162	- 3
Kelly D A	200	$8⅞	8⅞	8⅞	
Kerr Add	6279	$10½	10	10¼	- ⅛
K Anacon	6000	43	41	41	+ 1
La Luz	500	$7¾	7¾	7¾	- ¼
Labatt A	9030	$22⅞	22½	22⅞	+ ½
Lacana	6255	$5½	5⅜	5⅜	
Lacana w	1800	315	300	315	+ 5
Laidlaw A	5650	$16	15⅞	16	+ ¼
LOnt Cem	300	$5⅛	5⅛	5⅛	
L Shore	z25	335	335	335	
Lasitr Km	6200	114	108	110	+ 1
Laurasia	15500	52	47	47	- 6
Lau Fin p	z5	$15	15	15	
Lava Cap	6900	165	157	165	+ 4
Leigh Inst	6600	$10½	10	10¼	- ¼
Leons Frn	200	$16	16	16	- 1
Levy A pr	z25	$6⅞	6⅞	6⅞	
Liberian	569	$7⅞	7⅞	7⅞	- ⅛
LL Lac	500	385	380	385	+ 5
Lob Co A	1000	425	420	425	+ 5
Lob Co B	3200	425	420	425	
Lob Co pr	z43	$28¾	28¾	28¾	
Lob Ltd Ap	160	$18	18	18	
Lob Ltd Bp	z10	$18⅞	18⅞	18⅞	
Lochiel	9300	$5⅛	490	49[illegible]	
Lytton M	7500	35	35		

Valeurs	Ventes	Haut	Bas	Ferm.
Petrol	5980	$7	6⅝	6 7/
Peyto Oils	17026	$13⅞	12¾	13 3/
Phillips Cb	200	$10⅛	10⅛	10 1/
Phonix Oil	1100	455	450	450
Pine Point	1220	$35¾	35½	35 3/
Place G	9950	300	295	296
Placer	11131	$33¾	33	33 3/
Pominex	9550	99	95	96
Ponder	500	265	265	265
Pup Shops	2150	305	300	300
Powr Corp	16350	$14	14	14
Prado Exp	6000	60	55	60
Precamb	17200	435	420	420
Pre Cable	100	$11½	11½	11 1/
Pre Trst	z3	$68	68	68
Preston	6750	$22¾	22¼	22 3/
Prov B Can	1134	$15¼	15⅛	15 1/
QMG Hldg	33500	90	86	88
Qasar Pet	200	$15⅜	15⅜	15 3/
Que Sturg	11004	260	250	260
Ram	3300	$10⅛	10	10 1/
Ranger	46420	$31¾	30¼	31 3/
Rank Org	500	$5¼	5¼	5 1/
Rayrock	100	232	232	232
Readers D	400	$8½	8¼	8 1/
Redlaw	1100	235	235	235
Redpath	z30	$14⅞	14⅞	14 7/
Redstone	23075	84	79	82
Reed Pap A	3234	$10⅞	10¾	10 3/
R Sth A	4644	$10⅛	9⅞	10
Reichhold	5010	$13½	13¼	13 1/
Reich		$9½	9⅜	9 1/
			17¼	17 1/
				17

Exemple d'un rapport quotidien du marché boursier, tel qu'on peut en trouver dans la plupart des journaux.

moins qu'un autre actionnaire décide de vendre à $21 ou qu'une autre personne désirant devenir actionnaire de BP Canada soit prête à payer $21.50. Mais revenons à notre acheteur à $21 et à notre vendeur à $21.50 et supposons qu'il n'y ait pas d'autres personnes intéressées par les actions de BP Canada cette journée-là. Il est probable qu'après une attente de quelques heures, l'acheteur qui veut absolument se procurer ces actions décidera d'augmenter son prix d'achat à $21.25 et que le vendeur qui est pressé de vendre, baissera son prix à $21.25 lui aussi, ce qui permettra d'effectuer un échange de propriétaire des titres et de créer un nouvel actionnaire chez BP Canada.

L'accumulation d'achats et de ventes au cours d'une journée nous donne par le fait même le volume d'activité sur un titre en particulier que vous pouvez lire dans les journaux du lendemain. Pour ceux que la masse de chiffres inquiète, disons que sous la rubrique Bourse de Toronto, dans les pages financières, vous avez la liste des compagnies inscrites. Sous la colonne "volume", il s'agit du nombre total des actions qui ont changé de mains, au cours de la journée. Le chiffre suivant représente ordinairement le plus haut prix de la journée; le second, le plus bas prix payé et le troisième chiffre, le prix de la dernière vente. Quelques journaux spécialisés ajouteront une quatrième colonne afin d'indiquer le changement sur la journée précédente, par exemple, —¼ ou —½, etc.

Les titres de moins de \$5 sont transigés en cents, ce qui veut dire qu'on peut voir des différences de 5 ou 10 cents entre l'offre et la demande.

Pourquoi inviter le public?

Mais la question que l'on peut se poser est la suivante: pourquoi la direction d'une compagnie accepte-t-elle un jour de partager sa propriété avec le grand public?

Pour expliquer cette décision, revenons aux origines d'une compagnie. Son propriétaire, avec son imagination et ses économies, mit au point quelques années plus tôt, disons une ampoule électrique de très longue durée. Le produit a eu un succès immédiat; mais ne pouvant acheter lui-même l'équipement pour répondre à la demande, il s'est entouré de nouveaux associés qui, en échange, lui ont apporté les capitaux nécessaires pour prendre de l'expansion. Mais le succès de l'entreprise a été tel que les nouveaux capitaux générés ne suffisaient pas pour élargir la gamme des produits et acheter le nouvel outillage devant desservir ses marchés toujours grandissants. Il se devait de trouver de nouveaux fonds. Le président fondateur, après avoir consulté ses conseillers juridiques et financiers, décide que la meilleure solution est que la compagnie devienne publique, c'est-à-dire que les associés actuels de la compagnie partagent leur entreprise avec le grand public en lui vendant des actions.

Brièvement, la démarche est la suivante: la compagnie va consulter le bureau de courtage qui, agissant à titre de souscripteur de capitaux, fera une analyse de la situation de la compagnie et fixera ce qu'il juge être la somme que pourrait absorber le marché et le prix de vente initial des actions. Le courtier achète ensuite les actions en bloc, prépare un prospectus avec la compagnie et en collaboration avec d'autres maisons de courtage — ce qu'on appelle le groupe de vente — en fait la publicité dans les pages financières des journaux et le distribue aux acheteurs éventuels. Ces derniers peuvent maintenant se procurer des actions. C'est ce que nous appelons le marché primaire. La Bourse n'est pas encore intervenue.

La compagnie pourrait décider de demeurer hors-bourse, mais il est tout à son avantage de s'inscrire: elle aura une meilleure publicité et une meilleure cote parce qu'une inscription en Bourse est un gage de sérieux et, de plus, vendeurs et acheteurs, auront accès aux actions à un prix uniforme.

Au moment de l'inscription, la Bourse fera enquête sur la compagnie. Elle s'assurera que ses finances sont saines, que ses directeurs ont une bonne réputation, en somme qu'elle satisfait à toutes les exigences. Notons qu'une fois devenue publique, la compagnie n'a aucun droit de regard sur le prix de ses actions. Seule la loi de l'offre et de la demande qui régit le marché règle le prix des actions. C'est l'opinion des clients qui prévaut. C'est le début du marché secondaire.

Que nous le voulions ou non...

La bourse fait partie de notre vie de tous les jours, qu'on y soit un participant actif ou non aux transactions. Car, en plus d'être le lieu de rendez-vous de ceux qui ont choisi ce système pour faire fructifier leur avoir, c'est aussi un reflet de notre condition économique et politique générale.

Détenir une action de compagnie, c'est devenir copropriétaire et participer à ses profits, du moins, l'espérer. Par exemple, ce fameux indice boursier, le Dow Jones dont on entend toujours parler, est en quelque sorte une moyenne reflétant la performance des plus grandes compagnies en Amérique.

La bourse n'est pas la chapelle de quelques personnes ou groupes privilégiés. Que vous placiez votre argent à la banque, dans des fonds de retraite, dans des polices d'assurance, cet argent se retrouve invariablement à la Bourse.

La psychologie et les femmes... encore!

On compare souvent le marché boursier aux réactions d'une foule. L'auteur-psychologue, Gustave Le Bon, dans son livre *La psychologie de la foule* ose comparer les réactions d'une foule au comportement d'une femme. De son côté, Adam Smith dans *The Money Game* rapporte que plusieurs spéculateurs prétendent que plus ils comprennent les femmes, plus ils gagnent de l'argent à la Bourse.

Alors messieurs, si vous vous entendez bien cette semaine avec votre épouse et avec votre secrétaire (une seule suffit...) allez-y, investissez. C'est votre tour.

Un autre analyste du marché, Fred Kelly, avait écrit au début de la crise de 1929 que la masse est toujours perdante parce qu'elle a continuellement tort. La foule a toujours tort parce qu'elle agit normalement. Selon Kelly, la masse ou le public ou le marché est constamment en face d'une spéculation et la foule ne peut gagner. Mais peut-être que Monsieur Kelly ne connaissait rien aux femmes. A-t-on déjà vu une femme qui ne gagne jamais? Tout le monde sait que l'homme propose, que Dieu dispose et que la femme impose.

Retournons à l'ouvrage d'Adam Smith qui dévoile que 80% des spéculateurs américains ne s'attendent pas à gagner de l'argent et qu'une bonne proportion d'entre eux ne veulent même pas en gagner!

Qui raisonne comme cela? La foule ou l'homme? Un grand nombre de spéculateurs considèrent la Bourse comme une partie ou un jeu. Participer à ce jeu devient pour eux stimulant ou une échappatoire. Bien souvent, on préfère se bercer d'illusions au lieu de regarder la réalité en face. Faire partie du marché boursier, participer au déroulement de la partie, procure à plusieurs une satisfaction plus grande que de gagner de l'argent.

Le marché boursier n'est pas une science mais un art.

Faire mieux que la foule, réussir mieux que "les autres" devient un défi à la psychologie des masses. L'intuition devient alors un atout important, parce qu'il y a toujours un ou même plusieurs facteurs inconnus. La rapidité des communications et le nombre de plus en plus grand d'experts du marché ne faussent que temporairement les données psychologiques.

"JE DÉTESTE LA BOURSE"

Il y aura toujours quelqu'un qui essaiera de "battre" la foule... qu'elle soit composée de connaisseurs ou non.

Les fluctuations du marché

Une des complaintes qu'on entend souvent à propos de l'achat d'actions à la Bourse, est le fait que les cours varient constamment, qu'ils montent, qu'ils baissent, qu'ils remontent, qu'ils rebaissent, qu'ils ne remontent plus. On a souvent l'impression qu'ils descendent tout le temps, surtout lorsqu'on vient d'en acheter!

Mais comment expliquer ces hausses et ces baisses si rapides? Disons que ce n'est pas seulement à la Bourse que les prix changent continuellement.

Vous venez d'acheter une maison, pour $45 000. Deux mois plus tard, le gouvernement décide d'ériger une voie rapide juste à l'arrière de votre demeure. Essayez donc de revendre votre maison au même prix?

Vous avez un commerce, disons une épicerie, situé à l'angle des rues Lajeunesse et Fleury; 500 pieds (150 m) plus loin, une industrie de 400 employés, et juste en face, une autre compagnie de 700 employés. Un acheteur vient vous voir et vous offre $100 000 pour votre commerce. Vous refusez. Six mois plus tard, vous apprenez que l'une des deux compagnies ferme ses portes. Est-ce que votre commerce vaut encore $100 000?

Prenons le cas contraire. Admettons que vous acceptez l'offre de l'acheteur à $100 000. Trois mois après, vous apprenez qu'un immeuble à logement de 20 étages s'érigera à deux rues derrière le commerce que vous venez de vendre. Combien venez-vous de perdre en vendant $100 000?

C'est exactement la même chose à la Bourse, à l'exception qu'à tous les instants du jour vous avez un acheteur qui est prêt à payer un prix et un vendeur qui est prêt à liquider à un autre prix. Vous n'avez qu'à rencontrer le désir de l'un ou de l'autre et vous venez de compléter, en quelques minutes, une transaction.

Essayez de vendre votre commerce ou encore votre maison à revenus en quelques minutes!

Sur le parquet de la Bourse, vous n'aurez peut-être pas toujours le prix que vous voulez, mais vous aurez toujours la possibilité d'acheter ou de vendre immédiatement, sans délai, ce qui est un fait unique. Vous pouvez liquider un demi-million ou plus en cinq minutes.

Un autre avantage de la Bourse réside dans le fait que vous pouvez changer de commerce, comme vous le voulez, tout en ayant des équipes d'administrateurs, de vendeurs et de spécialistes qui travaillent pour vous.

Si vous croyez que vous devriez faire affaire dans l'uranium, vous achetez des actions du Rio Algom et vous laissez le président, les vice-présidents, les nombreux gérants et tous les employés et administrateurs se débrouiller pour vous rapporter des profits. Si plus tard, vous voulez changer de secteur et vous diriger dans l'acier, vous vendez vos actions de Rio Algom et achetez du Steel Canada ou du Dofasco.

Vous n'avez que deux problèmes:

1) trouver l'industrie qui, d'après vous, va percer dans l'économie du pays;
2) déterminer la compagnie qui va réussir le mieux dans cette industrie.

Le jugement de milliers d'autres investisseurs comme vous sur les différentes actions cotées en Bourse feront monter ou baisser les cours. Si le nombre de gens qui pensent que les profits d'une compagnie dans une industrie quelconque vont baisser, est plus élevé que le nombre de ceux qui pensent que les profits vont monter ou se maintenir, il est probable que les cours en Bourse vont aller vers la baisse. En effet, il n'y a rien de stable sur cette terre, rien de garanti, même pas les obligations des différents gouvernements!

Il en va de même dans les professions, d'ailleurs. On manquait d'ingénieurs il y a vingt ans, on manquait de professeurs il y a quinze ans et aujourd'hui, il y a saturation. Quant à la longueur des robes, elle monte ou baisse aussi vite que les cours à la Bourse. Tout ce qui est certain aujourd'hui, c'est qu'il n'y a rien de certain.

Le rôle des courtiers

En plus d'aider leurs clients à bien investir, les membres de nos différentes bourses occupent une fonction des plus importantes dans notre système économique, soit la canalisation des capitaux. Il n'y a pas que les individus qui peuvent avoir besoin d'argent; les gouvernements également tout comme les grandes compagnies. Le courtier sert par conséquent d'intermédiaire entre ceux qui ont besoin d'argent et ceux qui en ont à prêter. Les prêteurs peuvent être aussi bien vous qu'un organisme privé ou public. Quant aux utilisateurs de capitaux, ils se divisent en deux groupes:

1) les utilisateurs publics;
2) les utilisateurs privés.

Ce dernier groupe comprend tous les genres de compagnies que détiennent des individus ou un groupe d'hommes d'affaires. Les trois principales sources de nouvel argent sont les suivantes:

1) emprunt public, par l'émission d'une débenture qui sera vendue au public;

2) placement privé, par l'entremise d'un autre organisme;

3) vente d'une part de la propriété, par une émission d'actions.

Dans les trois cas, le courtier aura de nombreux rôles à remplir:

1) fixer les termes de l'émission selon les circonstances;

2) préparer et faire approuver l'emprunt;

3) trouver les prêteurs.

En ce qui a trait aux utilisateurs publics, il peut s'agir d'un des trois niveaux de gouvernement, fédéral, provincial ou municipal ou encore de toute commission scolaire. Là encore, le courtier joue le rôle d'intermédiaire entre celui qui a besoin d'argent et celui qui en a à prêter.

Le financement du Gouvernement du Canada ou du Gouvernement du Québec est un sujet qui devrait intéresser tous les Canadiens et tous les Québécois. Qu'on le veuille ou non, notre vie de tous les jours est directement affectée par les politiques financières de nos gouvernements:

1) les impôts sur le revenu réduisent la quantité d'argent que nous pouvons dépenser;

2) les taxes de vente augmentent le coût d'à peu près tout ce que nous achetons;

3) les restrictions imposées sur les importations déterminent dans une certaine mesure ce que nous pouvons manger ou porter;

4) le financement et les taux de financement des gouvernements du Canada et du Québec augmentent ou élèvent le coût d'administration de la dette publique, ce qui influence les gouvernements en question lors de la préparation des budgets.

Les courtiers font également affaire avec un autre genre de clients, qu'on appelle institutions: ce sont les compagnies d'assurance, les banques, les fonds mutuels, les fonds de pension, les compagnies de fiducie ou trusts et les maisons-conseils en investissement. Tous ces organismes font affaire avec les courtiers, en ce qui a trait aux valeurs mobilières, il va sans dire.

Le rôle du courtier vis-à-vis de ces grandes maisons consiste à leur offrir ses services pour l'achat et la vente d'actions et d'obligations et à leur donner accès à son service de recherche. La plupart de ces grandes maisons ont leur propre service de recherche, leurs propres conseillers, leurs propres gestionnaires de portefeuille.

Alors qu'avec les individus, le rôle du courtier consiste surtout à conseiller, avec les grandes institutions il devient plus un collaborateur.

Le courtier en valeurs mobilières remplit donc trois principaux rôles auprès du public:

1) conseiller auprès des individus;
2) collaborateur des grandes compagnies de placement comme compagnies d'assurance, fonds mutuels, banques, compagnies de fiducie, maison-conseil;
3) intermédiaire entre ceux qui ont besoin d'argent et ceux qui en ont à prêter.

Protection du public

Il existe plusieurs organismes de protection du public. Les quatre principales structures qui réglementent et gouvernent le commerce des valeurs mobilières sont les suivantes:

1) l'Association canadienne des courtiers en valeurs mobilières;
2) la Commission des valeurs mobilières du Québec;
3) le Comité des gouverneurs de la Bourse de Montréal;
4) le Fonds d'indemnisation.

Tout investisseur qui se sent lésé dans ses droits peut faire appel à l'un de ces organismes selon la nature de sa plainte.

Combien faut-il d'argent?

Maintenant, avant de passer aux facteurs qui influencent les cours à la Bourse, nous allons répondre à une question que bien des gens se posent et qui contribue à les tenir éloignés d'un investissement boursier.

Certains vont même jusqu'à demander: "Combien ça prend d'argent pour jouer à la Bourse?"

Premièrement, on ne joue pas à la Bourse, à moins de vouloir absolument se restreindre à la quatrième façon de placer ses économies (voir le paragraphe intitulé: Quoi faire avec ses épargnes?). Si vous voulez absolument jouer, une centaine de dollars suffiront, mais vous aurez autant de chance à Blue Bonnet ou à la mini-loto.

Mais si vous voulez réellement investir ou vous en tenir à notre énoncé du tout début, c'est-à-dire placer, investir et spéculer, il n'y a en réalité, aucun montant minimum, encore moins de montant maximum. Cependant, plus la somme dont vous disposez est élevée, plus il sera facile à votre courtier ou à votre conseiller de vous orienter dans la planification de votre portefeuille.

Il n'est pas nécessaire d'attendre de posséder $100 000 pour commencer à investir. Vous pouvez très bien commencer un programme de portefeuille et le bâtir au fur et à mesure même si vous ne disposez que de $1 000. Avec cette somme, vous pouvez vous procurer quinze actions de Bell Canada. Grâce à vos dividendes, vous n'aurez presque plus à vous occuper du compte de téléphone.

Six ou dix mois plus tard, vous avez un autre $1 000 à votre disposition. Vous pourriez peut-être acheter alors cent actions de Bombardier-MLW et prévoir votre portefeuille pour les années à venir. Encore une fois, il n'y a pas de montant minimum. Tout dépend du montant dont vous disposez, des sommes que vous pouvez épargner au cours d'une année et de l'orientation que vous voulez donner à votre portefeuille.

Une visite ou un coup de téléphone à votre courtier pourra vous guider. Quel que soit le montant dont vous disposez, il s'agit de commencer et de ne pas oublier de fixer vos objectifs au départ.

Facteurs et événements qui influencent la Bourse

Il y en a plusieurs. Auparavant, les nouvelles exclusivement financières accaparaient le souci et l'attention continuelle des courtiers, des conseillers et des analystes. Mais aujourd'hui les événements locaux aussi bien qu'internationaux, les développements économiques aussi bien que politiques et même sociologiques provoquent continuellement les fluctuations des marchés boursiers. Quant aux média de communications, il nous transmettent en quelques minutes les déclarations ou agissements des principaux hommes politiques ou d'affaires dans toutes les parties du monde.

Le renforcement politique et économique des pays membres du Marché commun, l'accélération rapide du développement industriel au Japon et en Allemagne, les changements des exigences tarifaires des États-Unis, la dévaluation de certaines monnaies, la réévaluation d'autres devises, un système monétaire international chancelant, les exigences salariales de certains syndicats, un dollar canadien flottant en baisse, un nouveau système fiscal, les prix du pétrole majorés par l'Opep, des taux de chômage et d'inflation trop élevés, tous ces facteurs et bien d'autres influencent le marché boursier.

En analysant chacun de ces phénomènes, on s'aperçoit qu'ils sont créés par des causes soit politiques, soit économiques, soit sociologiques, soit internationales, soit locales ou encore par plusieurs de ces facteurs combinés.

Certains de ces développements avantagent des industries, mais nuisent à d'autres. Par suite d'une plus forte compétition, certaines compagnies voient leurs profits augmenter, d'autres baisser. Les changements deviennent tellement nombreux et se produisent à un rythme si accéléré qu'il devient presque impossible à une personne qui n'en fait pas sa profession, à plein temps, de pouvoir porter un jugement raisonnable, voire même de s'y retrouver.

Même un courtier ou un conseiller ne pourrait y arriver s'il n'avait pas derrière lui toute une équipe de recherchistes, d'analystes, d'économistes et certaines agences spécialisées de renseignements.

Une confiance à bâtir

La spécialisation est telle aujourd'hui que les spécialistes ne peuvent plus communiquer entre eux ni se faire comprendre du public. C'est pourquoi il faut des "généralistes spécialisés" qui, eux, pourraient comprendre les spécialistes et en même temps se faire comprendre des "autres". Le représentant chez un courtier en valeurs mobilières remplit précisément ce rôle. Il centralise les renseignements des spécialistes de sa maison et s'en sert pour guider ses clients selon leurs moyens et leurs objectifs.

Il ne faut pas craindre de lui communiquer tous les détails dont il a besoin pour mieux vous servir. Avant de faire un choix définitif, essayez de bien le connaître. Prenez six mois, s'il le faut, mais il est important de savoir si vos caractères respectifs et aspirations peuvent s'allier et faire bon ménage. Rencontrez-le plusieurs fois, si vous en avez le temps. Si vous ne pouvez être absolument sûr que vous avez confiance en lui, trouvez-en un autre. Le coup en vaut la peine; il pourra vous servir de confident et de conseiller toute votre vie, à vous et à votre famille.

Vous ne pourrez cependant en faire autant avec les conseillers en investissement, à moins que vous ne disposiez de $100 000 ou plus. Ces derniers limitent leur nombre de clients, contrairement aux courtiers.

Les conseillers vont également exiger certains frais d'administration. Par contre, ils pourront consacrer plus de temps à la gestion de votre portefeuille et vous donner un service plus personnel. Vous évitez de plus toute crainte de transaction inutile puisqu'une maison-

conseil en investissement n'est pas rémunérée selon le nombre d'opérations à la Bourse, ce qui est le cas des maisons de courtage.

La plupart des courtiers ont tendance à surveiller le nombre de transactions de leurs représentants. Il arrive quand même que certains vendeurs, de temps à autre, empiètent un peu sur la nécessité d'effectuer des changements dans les portefeuilles de leurs clients. C'est pourquoi vous devez bien connaître votre courtier. Une confiance mutuelle lui facilitera la tâche et vous avantagera. Mais cette confiance doit exister de part et d'autre.

Le Canada aux Canadiens

Ces dernières années, l'attention générale s'est de plus en plus concentrée sur le besoin pour l'économie canadienne de recevoir un apport continu et toujours croissant de capitaux d'origine canadienne.

Les économistes, les politiciens, les dirigeants d'industries et les chefs des syndicats ouvriers reconnaissent tous que si le Canada veut atteindre l'état de nation commerciale et industrielle adulte, il lui faut créer suffisamment de capitaux de placement pour développer ses moyens de production.

Jusqu'à présent, une bonne partie des capitaux requis a été fournie par d'autres pays comme les États-Unis et la Grande-Bretagne. En fait, cet apport de l'extérieur a été tellement considérable qu'aujourd'hui plus de 60% de nos industries, presque 75% de nos entreprises minières et 80% de nos exploitations de pétrole et de gaz naturel sont possédés ou contrôlés par des étrangers.

Il est certain que ces capitaux étrangers nous ont été fort utiles, car ils ont contribué au développement économique du Canada. Néanmoins, si ce qui s'est passé dans l'économie de certains pays peut servir de guide pour l'avenir, il nous appartient d'assumer, de plus en plus, la responsabilité du financement de notre expansion économique au moyen de capitaux essentiellement canadiens.

C'est donc à vous, à nous tous, de décider de l'importance de cette participation.

Chapitre 11
À qui profitent les profits?

General Motors annonçait au cours de 1978 des profits de $3 300 000 000 pour les opérations de 1977 (trois milliards, trois cents millions de dollars).

Scandale, honte, protestations. Plusieurs représentants publics sont aux abois.

Six ans plus tôt, en 1971, General Motors avait triplé ses profits d'opérations, en une seule année.

De nouveau, certains secteurs de la population se plaignirent et protestèrent, déclarant que ces marges de profits se faisaient au détriment des États-Unis et des consommateurs américains.

Avant de crier sur tous les toits que des profits sont abusifs ou excessifs, il faudrait savoir par rapport à quoi.

Prenons l'exemple d'un individu qui travaille 15 heures par jour et gagne $30 000 par année. À côté de lui, vous en avez un autre qui besogne 8 heures par jour, mais se fait $20 000. Est-ce qu'on peut dire que l'individu qui gagne $30 000 gagne trop d'argent en comparaison de l'autre? Pourtant, il travaille deux fois plus et ne gagne que 50% de plus.

Il faut également tenir compte des facteurs de risque. Un individu qui lave les vitres au 125e étage du World Trade Center à New York prend plus de risques que celui qui lave les fenêtres rue St-Hubert à Montréal. C'est normal qu'il gagne un peu plus d'argent, parce qu'un jour, il risque de descendre tellement vite qu'il ne lavera plus jamais de vitres!

Il en va de même avec les entreprises. Certaines d'entre elles vendent avec des rendements de 2% et elles font de très bons profits à cause du fort volume de leurs affaires. C'est le cas dans l'alimentation, par exemple. Pour d'autres entreprises, il faut des marges de 25% parce qu'elles connaissent des périodes creuses qui reviennent à intervalles réguliers et fréquents. Enfin, chez d'autres sociétés, il suffit d'un seul contrat pour passer d'une mauvaise année à une bonne.

Dans le cas de GM, des profits de $3 300 000 000 sur des ventes de $55 milliards, soit 6,1%, sont loin d'être excessifs si on prend le temps de réfléchir au fait qu'il existe 286 millions d'actions détenues par 1 245 000 actionnaires, soit en fait des profits de $11.62 par action. Comme les prix des actions se situe aux environs de $70 (moyenne de 1977), le rendement de retour sur le prix en cours n'est que 15,7%. Le rendement en dividendes pour les actionnaires atteint 10%, ce qui est encore une fois loin d'être abusif, surtout qu'il s'agit du plus haut rendement depuis dix ans.

G.M. 1977

VENTE	PROFITS NETS	RETOUR
$55 Milliards	$3.3 Milliards	6.1%
ACTIONNAIRES	**ACTIONS**	**TAXES PAYÉES**
1.245,000	286 Millions	$16.58
PROFITS	**BOURSE-77**	**DIVIDENDES**
$11.67	$61 — $78	$6.80 (10%)

RÉPARTITION DES REVENUS

Fournisseurs	50.2%
Employés	33.4%
Taxes	8.6%
Actionnaires	5%
Réinvestissement	2.5%
Dépréciation	1.8%
	100%

Il est intéressant de noter que les taxes payées par GM s'élèvent à $16.58, c'est-à-dire un rapport de 8,6% supérieur à celui des profits (6%) et qui représente les dividendes payés aux actionnaires plus le réinvestissement nécessaire aux opérations de l'année suivante.

Prenons un autre exemple. Une compagnie qui a gagné $1 par action, deux ans plus tôt, a d'abord vu ses profits baisser à 50 cents, puis réussit à terminer l'année avec 87 cents, soit une hausse de 75% sur l'année précédente (87 vs 50 ou 37 sur 50). Quoique cette hausse de 75% soit impressionnante, il n'en demeure pas moins qu'il s'agit bel et bien d'une baisse de 13% si on la compare aux profits réalisés deux ans plus tôt ($1 vs 87¢). En prenant la moyenne des deux dernières années, on arrive à un rendement de 32% inférieur à la meilleure performance. En additionnant l'année à 50 cents et celle à 87 cents, on obtient $1.37, c'est-à-dire une moyenne de 68 cents, ou 32 cents de moins que deux ans plus tôt.

Tout ceci nous montre qu'il faut être très prudent avant de s'alarmer avec des profits apparemment excessifs.

Revenons chez General Motors avec le tableau suivant:

PROFITS PAR ACTION		CHANGEMENT	
1971	$ 6.72	—	
1970	$ 2.09	+221%	
1969	$ 5.95	+ 13%	
1968	$ 6.02	+ 12%	
1976	$10.08		
1975	$ 4.32	+133%	-50%
1974	$ 3.27	+205%	-61%
1973	$ 8.34		
1968	$ 6.02		
1977	$11.62	+93%	

En analysant ce tableau on s'aperçoit qu'en 1971, GM a triplé ses profits par rapport à 1970, avec des gains par action de $6.72 contre $2.09 en 1970. Par contre, ses profits s'élevaient à $5.95 en 1969 et à $6.02 en 1968, ce qui donne en fait des augmentations respectives de 13% et de 12% pour les deux et les trois années écoulées.

Il est donc vrai qu'en 1971, GM a triplé ses profits, mais il faudrait ajouter que malgré cette performance époustouflante, l'accroissement réel n'a été que de 13% en deux ans et de 12% en trois ans.

Si on s'attarde maintenant à la deuxième division du tableau, on s'aperçoit qu'en 1976, GM a donné le grand coup: elle a non seulement doublé ses profits de 1975, mais a triplé ceux de 1974! Les marxistes ont dû jouir, ces deux années-là. Enfin, la preuve que le capitalisme vole les gens. Vole tout le monde. À bas le capitalisme!

Avant que vous aussi sortiez vos pancartes, allons voir ce qui s'est passé l'année précédente. En 1973, les profits ont atteint $8.34, mais la mini-récession avait fait son apparition. Vous vous souvenez de l'embargo sur le pétrole, puis de la campagne contre les grosses voitures, puis du manque d'essence, etc. Ce qui veut dire que lorsque les journaux publiaient en grosses manchettes que GM avait en 1976 doublé ses profits par rapport à 1975 et les avait triplés par rapport à 1974, ils oubliaient de mentionner que ces deux années avaient connu respectivement des baisses de 50% et 61% sur 1973.

Malgré la performance éblouissante de 1976, l'augmentation réelle des trois années 1974, 75 et 76 n'atteignait que 20% ($10.08 vs $8.34).

En bon observateur que vous êtes, je suis persuadé que vous avez remarqué que, de 1968 à 1977, GM a triplé ses profits en deux occasions. Pourtant, on arrive à une croissance de 93% en dix ans ($11.62 vs $6.02). L'inflation au cours de la même période s'est élevée à 60%. Une croissance dans les profits de 9% par année, 3% après inflation, est-ce vraiment trop pour une compagnie qui fait vivre 800 000 employés, qui doit compter sur 1 200 000 actionnaires et possède des actifs de $26 milliards?

Rendement élevé nécessaire

En prenant un autre exemple, celui de la compagnie Dofasco et de ses résultats de 1975, on s'aperçoit que chaque dollar de vente a rapporté 7½ cents en profit net à la compagnie, dont 3 cents pour fins de dividendes aux actionnaires. Le reste a servi aux besoins de réinvestissement de la Dofasco.

Cette aciérie, la deuxième en importance au pays a récolté $55 500 000 en profits sur un investissement total de $800 millions en 1975, soit à peine 7%. C'est donc dire que l'argent investi a rapporté 7% malgré les risques et problèmes, ce qui est inférieur à tout rendement d'obligations gouvernementales. Quant aux actionnaires, ceux qui ont investi dans cette compagnie, le rendement de leurs actions se situe aux environs de 6% et ils n'ont aucune garantie de recevoir un dividende, contrairement avec ce qui se passe quand on prête à une banque, à une caisse ou avec des obligations.

Qu'est-ce qu'un profit?

C'est ce qui reste des revenus, une fois qu'on a payé toutes les dépenses occasionnées par les différentes opérations. M. Bernard Baruch, un Américain et ancien conseiller en économie, déclarait il y a plusieurs années: "La société ne peut progresser que si l'homme profite de son travail, si son oeuvre rapporte plus qu'elle n'exige d'effort. Faire une perte, c'est réduire la masse des biens que la collectivité a à se partager."

Quant à M. Adam Smith, un autre grand économiste d'origine écossaise, il a déjà mentionné ceci: "Le profit assure une grande dispersion des décisions économiques à travers la société. La société, par l'intermédiaire du marché, force tôt ou tard les compagnies à produire les biens et les services que les membres de ladite société désirent."

Par tout ceci, nous voulons montrer que le profit devient l'outil ou le mécanisme qui permet à la société d'atteindre ses buts, de réaliser ses aspirations, d'élever son degré d'indépendance, afin d'imposer le plus possible sa volonté collective.

Il faut remarquer également que lorsqu'une compagnie ne peut réaliser des profits pendant une certaine période prolongée, elle disparaît tout simplement. Par contre, lorsqu'un organisme paragouvernemental opère à perte, année après année, eh bien, il continue d'opérer quand même, car c'est le public, vous et moi, qui paie.

À qui profitent les profits?

Évidemment, les plus intéressés sont incontestablement les hommes d'affaires. Tout d'abord parce qu'ils en ont besoin pour continuer à opérer et aussi parce qu'ils comprennent l'importance des profits. Pour eux, faire des profits, c'est un peu comme la respiration. On ne vit pas pour respirer, mais on ne peut vivre sans respirer. Les profits qu'ils font leur permettent de satisfaire leurs clients en produisant ce que ces derniers demandent.

Les profits servent également à faire vivre ceux qui fournissent les entreprises. On s'en sert aussi à réinvestir de l'argent pour entretenir, réparer et développer l'entreprise. Les dirigeants doivent également veiller à l'amélioration des produits et des services. Finalement, les profits servent à récompenser ceux qui ont risqué leurs avoirs ou qui ont donné de leur temps, de leur savoir-faire à l'entreprise et tous ceux qui ont fait confiance aux administrateurs, en investissant dans leur entreprise ou encore en leur prêtant les montants dont ils avaient besoin.

Les profits des employés

Les employés aussi profitent des profits, car ils peuvent espérer de meilleures conditions de travail et une plus grande sécurité dans leur emploi.

Une compagnie prospère pourra se permettre d'accorder à ses employés des bénéfices sociaux avantageux et une retraite sûre. Du moins, elle pourra garnir et conserver leurs fonds de retraite.

Les profits du gouvernement

Même les fonctionnaires en tirent profit. Les gains des entreprises assurent des revenus aux différents gouvernements auxquels ils payent des impôts et des taxes sur leurs opérations.

Il en est de même de tous les fournisseurs, clients et employés qui eux aussi paient des impôts en plus de toutes les taxes prélevées sur les dépenses de tout ce monde.

Sans ces revenus, le gouvernement ne pourrait faire vivre autant de fonctionnaires. Il ne pourrait pas non plus octroyer autant de subventions aux universités et autres organismes publics ni même assurer les services hospitaliers et scolaires, l'entretien des routes, etc.

Les profits de la société

Tous les actionnaires des compagnies qui font des bonnes affaires reçoivent des dividendes tout comme ceux qui ont investi leurs épargnes dans les débentures de compagnies reçoivent des intérêts. Dans les deux cas, les citoyens concernés voient leurs revenus augmenter.

On peut souligner aussi les contributions des compagnies aux oeuvres de charité, aux arts et autres initiatives communautaires.

Toutes les dépenses faites par les gouvernements pour améliorer le sort des citoyens sont défrayées par l'argent provenant de l'imposition sur les profits et les salaires des employés.

Par ailleurs, des profits plus élevés incitent les entreprises à offrir à leurs clients de meilleurs produits ou à améliorer leurs services pour devancer la concurrence.

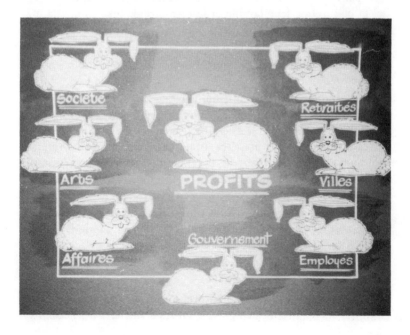

Les profits des compagnies servent également à des travaux de recherche, contribuent à l'amélioration de l'environnement, augmentent les possibilités d'emploi, financent l'octroi de bourses aux enfants des employés et de subentions à des centres d'éducation.

Qui profite des profits?

Tout le monde et son père. Sans profits, une entreprise ne peut opérer bien longtemps. Les détenteurs d'obligations et d'actions retireraient tout simplement leurs avoirs, ce qui rendrait la compagnie incapable de payer les salaires aux employés.

Quant aux clients d'une entreprise, ils profitent également des profits en vendant leurs produits et en retirant eux-mêmes leurs propres bénéfices de cette vente.

Une compagnie rentable pourra payer ses employés et leur assurer un emploi stable tout en augmentant leurs chances de trouver des fonctions plus intéressantes et rémunératrices. Ces employés peuvent donc par le fait même améliorer leur sort au travail, le confort matériel et culturel de leur famille et le bien-être de leur communauté.

Les actionnaires y gagnent également en s'assurant d'un certain revenu sur leur investissement, ce qui les encourage à laisser à l'entreprise les sommes qu'ils y avaient investies. Il en est de même des détenteurs d'obligations.

C'est toute la communauté qui y gagne quand elle peut compter sur des compagnies rentables. En plus des nombreuses taxes municipales, les employés qui y travaillent contribuent à faire vivre les autres commerçants et activités, tout comme les différents services communautaires. Le prestige et la renommée de ladite communauté s'accroissent avec la qualité de ses services et de ses citoyens.

Les gouvernements fédéral et provincial perçoivent également leur part des profits réalisés. Sans profits, les compagnies ne peuvent être taxées et le gouvernement ne peut retirer d'impôts sur les citoyens qui ne travaillent pas.

Pas de profits, pas de progrès

Sans les taxes et impôts qu'il prélève sur les profits des compagnies, sur les salaires des employés, sur les dividendes des actionnaires, sur les intérêts d'obligations et sur tous les produits vendus aux entreprises et à leurs employés, le gouvernement devrait limiter ses programmes sociaux et ses services à la population.

Trop de profits?

Dans une économie libre, si une compagnie fait trop de profits trop longtemps, des concurrents vont apparaître et partager le marché avec elle. Cette concurrence va forcer la compagnie en question à améliorer ses produits ou ses services afin de garder sa clientèle.

C'est le cas de Bombardier dans les années 60, au moment où a démarré la vogue de la motoneige. Une vingtaine de compagnies ont décidé en quelques années de s'aventurer dans cette industrie par suite du succès fou obtenu durant les premières années par les entrepreneurs de Valcourt.

Conclusion

Le profit, c'est l'encouragement à faire mieux. C'est aussi un stimulant pour ceux qui ont le courage de risquer leurs épargnes et de prendre de leur temps pour réaliser quelque chose.

Chaque fois qu'un individu ou une compagnie réussit, c'est toute la société qui en profite, même si bien souvent, trop souvent hélas, les membres de ladite société n'ont rien fait pour encourager les efforts de ces individus qui ont eu le goût du risque, le désir de réaliser quelque chose et assez de persévérance pour aller jusqu'au bout.

J'espère que ce chapitre aura au moins un peu contribué à diminuer le nombre de déclarations naïves et enfantines faites par certains hommes publics, car la population du Québec mérite mieux que ça...

Chapitre 12
La nécessité
de l'épargne
et la sécurité
qu'elle procure

Nos richesses s'amenuisent

En 1976, les jeux Olympiques ont permis à plusieurs Montréalais de faire connaissance et même de se lier d'amitié avec des étrangers, entre autres, des Allemands, des Japonais et des Suisses. Il est fort possible qu'au cours de ces rencontres chacun ait parlé de ses avoirs respectifs.

Ainsi, un Montréalais qui faisait mention à cette époque d'une somme de $100 000 en épargnes personnelles, se sentirait lésé en 1979, s'il rencontrait à nouveau son ami d'outre-mer. En effet, ses $100 000 de 1976 ne valent plus que la moitié. Les réévaluations du mark, du yen et du franc suisse ou si vous préférez la dévaluation du dollar canadien, ont englouti en trois ans la moitié de la valeur des actifs des Canadiens comparativement aux actifs de ces trois pays. Ceci veut dire qu'en réalité les Canadiens valent deux fois moins en 1979 qu'en 1976 aux yeux des Allemands, des Japonais et des Suisses. En trois ans, les richesses des Canadiens se sont envolées. Tous les efforts consacrés à épargner, à travailler pour se construire une maison, toute l'énergie dépensée pendant des générations se sont en partie évaporés. Évidemment, ceux qui craignent les comparaisons, ceux qui ont peur de voir ce qui se passe ailleurs, n'oseraient jamais admettre que nous ne valons plus autant que certains pays.

Pourtant, les faits sont là. Les $100 000 de notre Montréalais ne valent plus que $50 000 aux yeux des Allemands, des Japonais ou des Suisses.

Une partie perdue d'avance

Pourtant ceci n'est rien encore. Notre Montréalais qui a réussi après maints efforts et sacrifices à épargner ses $100 000 en vue de ses vieux jours, n'y est arrivé qu'après avoir récupéré ce que les impôts ont bien voulu lui laisser. Il ne faut pas oublier que ce montant a été calculé après impôts.

En tout bon administrateur, notre Montréalais a évidemment investi ce capital, disons à 10%. Or, on sait que sur les $10 000 reçus en intérêt tous les ans, il doit à nouveau payer des impôts. Il paie des impôts sur un montant qui a déjà été imposé.

Ah! ces fonctionnaires, ils sont assoiffés! Mais, il y a pire. Notre Montréalais reçoit donc $10 000 en intérêt par année et il doit en payer un certain pourcentage au gouvernement, selon son palier d'imposition. De plus, durant les dernières années, la moyenne du taux d'inflation s'est élevée aux environs de 8% au Canada, ce qui veut dire que non seulement les $100 000 ne valent plus $100 000 aux yeux des étrangers, mais il ne valent même plus $100 000 dans notre propre pays. Notre Montréalais perd $8 000 par année par suite de l'inflation et en reçoit $10 000 en intérêt. Vous le croyez encore au-dessus de ses affaires en accusant un gain de $2 000.

Mais vous n'y êtes pas du tout. Nous avons jusqu'ici un gain de $10 000 en intérêt, une perte de $8 000 due à l'inflation, pour un surplus de $2 000. Mais nous n'avons pas encore payé d'impôts sur les $10 000. Disons que notre Montréalais se retrouve dans un palier de 25%. Il doit donc débourser $2 500 sur ses $10 000 et il accuse maintenant une perte de $500. Il doit donc payer des impôts sur de l'argent perdu.

Nous tenons à souligner que nous avons accordé à notre exemple un intérêt de 10%. Ce taux est apparu ces dernières années seulement. Ceux qui ont fait des placements à 6%, 7% et 8% se font **gruger** sur deux fronts à la fois, par les impôts et l'inflation!

Les montants disponibles ne changent en rien l'effet net et réel subi par l'épargnant. Que vous ayez $15 000, $50 000 ou $300 000, vous avez tout simplement ces dernières années payé des impôts sur de l'argent perdu. Ceux qui ont $10 000 ou moins en économie ont été quelque peu épargnés du fait que les premiers mille dollars en intérêts ou dividendes ne sont pas imposables.

On se moque de nous

C'est ainsi qu'il en coûte $500 à notre pauvre Montréalais pour voir ses épargnes diminuer de 8% par année, lui qui voulait se retirer avant 60 ans et profiter de sa retraite sans être obligé de vivre aux crochets de la société. Le plus vexant, c'est que les grands responsables de cette fameuse inflation qui ronge tout, sont précisément ces mêmes technocrates qui ont soufflé la masse monétaire au début des années 70 et gonflé les dépenses du gouvernement. Ce sont encore eux qui ont augmenté les emprunts du gouvernement et fait grimper les taux d'intérêts. Ils ont réussi de plus à augmenter les déficits budgétaires, ce qui a obligé le gouvernement à emprunter encore plus. Ces savants technocrates ont pris soin d'indexer leur pension et évidemment de se payer de jolis salaires. Leur revenu dépasse maintenant celui de l'entreprise privée. Pourtant, ce sont les employés qui évoluent dans la libre entreprise qui paient pour ces messieurs.

À première vue, la déduction logique serait donc: pourquoi épargner? Dépensons au fur et à mesure. L'argent, il faut que ça roule. On ne l'emporte pas en terre. Le gouvernement nous fera bien vivre plus tard. Profitons-en pendant qu'on le peut, etc.

Nous avons tous entendu à maintes reprises ces commentaires et surtout venant de la bouche de ceux qui ont de la difficulté à mettre de côté quelques sous.

Qu'espérer de mieux, lorsqu'on a un ministre des Finances qui incite et encourage les Canadiens à dépenser, dépenser encore et toujours plus. Dépensez! Dépensez! allez-y tous ensemble. Achetez n'importe quoi, mais achetez.

Nos chers fonctionnaires indexent leur fonds de pension, s'accordent d'intéressantes augmentations de salaire, de nombreux congés (mérités ou non, légaux ou non) et ne se privent pas pour gaspiller les biens de la société. Ces messieurs ont tellement l'habitude de dépenser mal-à-propos qu'ils en viennent à penser que toute la population devrait faire de même.

Ceux qui réussissent

Pendant que les Allemands, les Japonais et les Suisses travaillent fort et épargnent, les Canadiens, eux, paressent et dépensent!

Nul besoin de mentionner que le Canada se classe aux premiers rangs des pays qui ont perdu le plus grand nombre d'heures de travail à cause des grèves. Le Québec s'y distingue tout particulièrement. Seule l'Italie nous a battus au cours des cinq dernières années. Ne parlons pas de hockey, nous avons perdu notre suprématie là aussi.

Entre 1973 et 1977, les Japonais ont épargné 25% de leur revenu, les Allemands 15% et les Canadiens 10%, ce qui n'est pas si mal comparativement au 7% des Américains. Les épargnes bancaires des Suisses s'élèvent au-dessus de la moyenne du revenu national.

Selon l'Association des banquiers canadiens, la moyenne par compte d'épargne au Canada se situait en 1978 à $1 972, ce qui représente une augmentation de 50% sur 1973. Malgré les appels de M. Chrétien et autres ministres des Finances l'ayant précédé, les Canadiens portent une plus grande attention à leurs épargnes. Mais, si on tient compte des augmentations de salaire et de l'inflation, cette hausse n'est pas aussi importante qu'on pourrait le croire aux premiers abords.

Il n'est pas nécessaire de démontrer que les économies allemandes, japonaises et suisses qui sont celles où l'épargne est la plus élevée, ont précisément connu les plus forts taux de croissance depuis le début de la décennie. Comment se fait-il qu'en Amérique nous ayons ignoré la nécessité d'économiser? Les Américains se trouvent encore d'ailleurs en moins bonne posture que nous de ce point de vue.

Nous devons donc apprendre à nous financer par nos propres moyens et à investir selon ces moyens. La consommation ne doit pas dépasser la production. Lors de son rapport de janvier 1979, l'Insti-

tut de recherche C.D. Howe avisait les Canadiens de l'urgence d'augmenter leurs épargnes s'ils voulaient diminuer leur dépendance vis-à-vis des États-Unis. Au Québec, avec l'immense succès des Caisses populaires et d'entraide économique, nous sommes sur la bonne voie. Mais ce n'est pas suffisant.

Le vrai responsable

Pour mieux expliquer le phénomène du déséquilibre entre consommation et production, laissez-moi vous reporter aux années de la Grande Dépression. Un économiste nommé John Maynard Keynes défendit à cette époque-là une thèse qui devait par la suite marquer le comportement de plusieurs gouvernements dont ceux de la Grande-Bretagne, des États-Unis et évidemment du Canada.

L'opinion de Keynes reposait sur le principe que l'épargne nuisait à l'activité économique en ce sens qu'elle restreignait les dépenses, surtout dans des périodes de ralentissement économique. Keynes alla même plus loin en suggérant aux gouvernements de provoquer eux-mêmes ces dépenses. Comme le mentionnait la revue *Business Week,* il n'en fallait pas plus pour qu'on se retrouve quarante ans plus tard avec une taxation sur les revenus provenant d'intérêts, de régime de sécurité sociale et de bien-être social. C'est-à-dire, tout pour ne pas encourager l'épargne.

Les Américains se réveillent

Ainsi, les taux d'inflation élevés et les déficits gouvernementaux n'incitent nullement les citoyens à épargner. Cependant, plusieurs économistes américains tentent depuis quelques années de convaincre les dirigeants de la Maison Blanche d'adopter un changement de politique. Par exemple, Franco Modigliani du Massachussets Institute of Technology a déclaré au début de 1979 qu'il était grandement temps qu'on cesse de penser que l'épargne provoque le chômage. Si l'on se fie à un article du *Business Week,* Modigliani admit qu'une forte croissance économique pourrait hausser l'épargne; toutefois, il ajoute qu'un taux d'épargne élevé pourrait accentuer la croissance économique.

Selon le président de l'Association américaine des économistes, Robert Solow, il est très important pour un pays dont le taux de chômage est bas de trouver des moyens d'encourager les épargnes et non les investissements. Il est important de sacrifier la consommation actuelle si l'on veut bien préparer la structure d'une meilleure consommation pour les années à venir.

Si les économistes modernes réussissaient à convaincre le président Carter de diminuer les dépenses, de réduire les déficits et d'inciter les gens à épargner et non à dépenser, il serait normal qu'à court terme il y ait une demande moins forte sur les biens de consommation.

Ce phénomène pourrait amener une diminution du taux d'inflation et par le fait même, un peu plus tard, des taux d'intérêts. À bien y penser, l'épargne pourrait devenir à long terme un moyen d'augmenter la productivité. Les fonctionnaires devront comprendre tôt ou tard. Espérons que ce sera plutôt tôt que tard.

Un problème de taille

Dans vingt ans, une personne sur deux sera à la retraite. Le rapport actuel est d'une personne sur trois. Qu'est-ce que cela signifie? Tout simplement que si les travailleurs de 1980 n'ont pas l'occasion et la possibilité d'épargner, ceux de l'an 2 000 devront débourser un joli pourcentage de leur salaire afin de faire vivre une bonne partie de la société.

Comme ils n'auront pas les moyens d'élever plusieurs enfants, les travailleurs de l'an 2 000 devront se faire à l'idée qu'il n'y aura pas grand monde pour s'occuper d'eux quand ils prendront eux-mêmes leur retraite.

Il devient donc urgent d'encourager l'épargne et primordial que cette épargne soit à l'abri de toute hausse inflationniste et si possible ne soit pas l'objet d'une double taxation continuelle.

On devrait permettre à tout Canadien d'accumuler des épargnes personnelles non-imposables pour un montant minimum de $100 000, non compris la propriété principale. En plus d'être indépendant financièrement, un citoyen nanti d'une telle somme pourrait contribuer au développement économique de la société. En effet, sans compter le fait qu'il ne vivrait pas aux crochets de la société, il pourrait investir ou même monter une entreprise, créant par le fait même de nouveaux emplois et améliorant les produits existants ou encore innover en améliorant certains services à la population. Il pourrait également se permettre de prêter une partie de ses avoirs à une entreprise dans le besoin.

Est-il possible de faire comprendre cela à nos technocrates? Qu'ils laissent donc aux citoyens les moyens de s'autofinancer. Qu'ils permettent au moins à ceux qui le veulent, de ne plus dépendre des autres.

On cherche des actionnaires

Nous avons vu dans les trois chapitres précédents l'importance et la nécessité des placements et des profits. Si vous voulez faire un placement et réaliser des profits, les épargnes sont l'outil principal de ce processus.

Depuis 1970, les compagnies américaines ont perdu cinq millions d'actionnaires parce qu'ils ne pouvaient ou ne voulaient tout simplement plus investir dans de nouvelles entreprises.

Les entreprises ont besoin de capitaux pour lancer de nouveaux produits ou améliorer ceux qui existent déjà. Même les grandes compagnies font face à des problèmes de structure financière. L'endettement par rapport au capital-actions est trop élevé et gêne le bon fonctionnement des opérations. Ceci veut dire que les capitaux provenant d'actionnaires ne sont pas assez élevés, ce qui force les compagnies à emprunter. Les administrateurs doivent alors faire face au remboursement de l'emprunt (capital et intérêt) à des périodes fixes, ce qui a pour but de restreindre leur champ de manoeuvre.

Étudions l'exemple suivant:

Compagnie A			Compagnie B		
Emprunt	$1 000 000		Capital-actions	$1 000 000	
Déboursés annuels:			Déboursés annuels:		
intérêts	$	120 000	dividendes	$	50 000
amortissements	$	50 000	amortissement	néant	
TOTAL	$	170 000	TOTAL	$	50 000

Les compagnies A et B disposent de $1 000 000 chacune. La compagnie A a dû emprunter tandis que la compagnie B bénéficie de l'apport de $1 000 000 fournis par des actionnaires.

La compagnie A dont les actifs servent de garantie doit donc payer un intérêt, disons de 12%. En ce qui concerne la compagnie B, les actionnaires qui en sont propriétaires ne reçoivent aucune garantie et doivent se contenter d'un dividende de 5%.

La compagnie A doit s'assurer du remboursement du million de dollars. Pour ce faire, elle devra mettre de côté tout les ans $50 000 pendant vingt ans, durée normale d'un emprunt. Elle doit donc prévoir pour chaque année une somme de $170 000, tandis que pour l'autre compagnie la somme sera de $50 000. Cette dernière est avantagée car elle dispose d'un plus grand capital, ce qui lui permet de s'agrandir plus rapidement, d'acquérir un meilleur équipement et d'améliorer ainsi sa productivité, le rendement qu'elle offre à ses actionnaires, la sécurité et les conditions de travail de ses employés.

La compagnie B est également avantagée en périodes difficiles. Prenons une année où les revenus ne s'élèveraient qu'à $100 000. La compagnie B accuserait un profit net de $50 000 tandis que la compagnie A devrait emprunter à nouveau, soit $70 000, afin de remplir ses engagements.

C'est précisément cette situation que doivent affronter de nombreuses compagnies américaines et canadiennes depuis quelques années. Les actionnaires se font rares.

Une solution simple

En raison de cette pénurie d'actionnaires, il saute aux yeux que l'on devrait encourager les épargnants. Si on veut la compréhension des technocrates, il va falloir en convaincre nos dirigeants. En tant que membres d'une société qui se veut mûre, nous devrions tous faire l'effort de promouvoir l'épargne, pour le plus grand bien de tous nos citoyens.

Nous vous incitons à en parler avec vos amis et connaissances et à leur suggérer d'acheter ce livre au lieu de l'emprunter. Nous avons besoin de toutes les ventes possibles afin de survivre au passage des représentants du ministère du Revenu! Nous nous attendons à ce qu'il tente de nous "plumer"...

Tant pis, nous nous rattraperons au tome II et gare à eux! Au cours de ce deuxième tome, nous aborderons le rôle du gouvernement dans l'économie. Il y a quand même du bon. Mais il faudrait que le gouvernement se concentre sur les fonctions qu'il doit réellement remplir et s'assurer qu'il les remplit bien.

Nous serons très heureux si les principes que nous avons énoncés peuvent vous contraindre à quelques moments de réflexion et contribuer à améliorer la société dans laquelle nous vivons.

N'est-ce pas le seul vrai cadeau que nous pouvons léguer à nos enfants et à nos petits-enfants?

Quelques pensées pour finir

"Lorsqu'une personne ne s'intéresse pas à la politique, il ne faut pas dire qu'elle se mêle de ses affaires; on doit dire qu'elle n'a tout simplement pas d'affaire ici." — Périclès

Cette pensée est destinée particulièrement aux vrais hommes d'affaires, comme nous l'avons vu au sixième chapitre. Mais Périclès ne vise pas seulement ceux qui veulent faire des affaires; il s'adresse à tous les citoyens, indépendamment de leurs fonctions ou de leurs rôles. Tout comme le monde des affaires, la politique, c'est l'affaire de tout le monde.

Il faut bien que les affaires rapportent puisqu'il faut payer pour ceux qui "font" de la politique!

Le jour où nos affaires deviendront plus prospères et que nos politiciens nous coûteront moins chers, ce jour-là, citoyens du Québec, chacun de nous aura franchi un petit pas sur le chemin de l'humanité, mais un grand pas vers le progrès et le mieux-être de notre société. D'ici là, il faudra apprendre à nous "maîtriser chez nous!".

C'est le rôle et la responsabilité de tout citoyen digne de ce nom.

Sommes-nous encore six millions?

"On s'est assez parlé"...

...C'est le temps d'agir.

BIBLIOGRAPHIE

BULLETINS

de la Banque Royale
Alumni Publication, Boston University Today

DÉPLIANTS

de la Bourse de Montréal
de la Bourse de Toronto
de la Bourse de New York

PUBLICATIONS QUOTIDIENNES, HEBDOMADAIRES OU MENSUELLES

Business Week
Fortunes
Le Banquier
National Enquirer
Wall Street Journal
Télé-Presse du 24 juin 1978

BROCHURES

The Case for Silver, de Louis Carabini
Centre de Services en connaissances économiques (Cesconomic)
The Foundation for Economic Education
Gold Information Center
The Pacific Coast Coin Exchange

RAPPORTS

de Consolidated Golf Fields Limited
de l'Institut canadien des banquiers
du Joint Council on Economic Education de New York
de Statistique Canada

ENTREVUES

Série *L'or et l'argent*, à Télé-Métropole
avec l'Office de protection du consommateur

Table des matières

Achevé d'imprimer sur les presses de

L'IMPRIMERIE ELECTRA*
*Division de l'A.D.P. Inc.

pour

LES ÉDITIONS DE L'HOMME*
*Division de Sogides Ltée

Imprimé au Canada/Printed in Canada

Ouvrages parus
chez les Éditeurs du groupe Sogides

Ouvrages parus aux
ÉDITIONS
DE L'HOMME

ALIMENTATION — SANTÉ

Alimentation pour futures mamans, Mmes Sekely et Gougeon
Les allergies, Dr Pierre Delorme
Apprenez à connaître vos médicaments, René Poitevin
L'art de vivre en bonne santé, Dr Wilfrid Leblond
Bien dormir, Dr James C. Paupst
La boîte à lunch, Louise Lambert-Lagacé
La cellulite, Dr Gérard J. Léonard
Comment nourrir son enfant, Louise Lambert-Lagacé
La congélation des aliments, Suzanne Lapointe
Les conseils de mon médecin de famille, Dr Maurice Lauzon
Contrôlez votre poids, Dr Jean-Paul Ostiguy
Desserts diététiques, Claude Poliquin
La diététique dans la vie quotidienne, Louise L.-Lagacé
En attendant notre enfant, Mme Yvette Pratte-Marchessault
Le face-lifting par l'exercice, Senta Maria Rungé

La femme enceinte, Dr Robert A. Bradley
Guérir sans risques, Dr Emile Plisnier
Guide des premiers soins, Dr Joël Hartley
La maman et son nouveau-né, Trude Sekely
La médecine esthétique, Dr Guylaine Lanctôt
Menu de santé, Louise Lambert-Lagacé
Pour bébé, le sein ou le biberon, Yvette Pratte-Marchessault
Pour vous future maman, Trude Sekely
Recettes pour aider à maigrir, Dr Jean-Paul Ostiguy
Régimes pour maigrir, Marie-José Beaudoin
Santé et joie de vivre, Dr Jean-Paul Ostiguy
Le sein, En collaboration
Soignez-vous par le vin, Dr E.A. Maury
Sport — santé et nutrition, Dr Jean-Paul Ostiguy
Tous les secrets de l'alimentation, Marie-Josée Beaudoin

ART CULINAIRE

101 omelettes, Marycette Claude
L'art d'apprêter les restes, Suzanne Lapointe
L'art de la cuisine chinoise, Stella Chan
La bonne table, Juliette Huot
La brasserie la mère Clavet vous présente ses recettes, Léo Godon
Canapés et amuse-gueule
Les cocktails de Jacques Normand, Jacques Normand
Les confitures, Misette Godard
Les conserves, Soeur Berthe
La cuisine aux herbes
La cusine chinoise, Lizette Gervals
La cuisine de maman Lapointe, Suzanne Lapointe
La cuisine de Pol Martin, Pol Martin
La cuisine des 4 saisons, Hélène Durand-LaRoche
La cuisine en plein air, Hélène Doucet Leduc
La cuisine micro-ondes, Jehane Benoit
Cuisiner avec le robot gourmand, Pol Martin
Du potager à la table, Paul Pouliot et Pol Martin
En cuisinant de 5 à 6, Juliette Huot
Fondue et barbecue
Fondues et flambées de maman Lapointe, S. et L. Lapointe
Les fruits, John Goode

La gastronomie au Québec, Abel Benquet
La grande cuisine au Pernod, Suzanne Lapointe
Les grillades
Hors-d'oeuvre, salades et buffets froids, Louis Dubois
Les légumes, John Goode
Liqueurs et philtres d'amour, Hélène Morasse
Ma cuisine maison, Jehane Benoit
Madame reçoit, Hélène Durand-LaRoche
La pâtisserie, Maurice-Marie Bellot
Poissons et crustacés
Poissons et fruits de mer, Soeur Berthe
Le poulet à toutes les sauces, Monique Thyraud de Vosjoli
Les recettes à la bière des grandes cuisines Molson, Marcel L. Beaulieu
Recettes au blender, Juliette Huot
Recettes de gibier, Suzanne Lapointe
Les recettes de Juliette, Juliette Huot
Les recettes de maman, Suzanne Lapointe
Les techniques culinaires, Soeur Berthe Sansregret
Vos vedettes et leurs recettes, Gisèle Dufour et Gérard Poirier
Y'a du soleil dans votre assiette, Francine Georget

DOCUMENTS — BIOGRAPHIES

Action Montréal, Serge Joyal
L'architecture traditionnelle au Québec, Yves Laframboise
L'art traditionnel au Québec, M. Lessard et H. Marquis
Artisanat québécois 1, Cyril Simard
Artisanat Québécois 2, Cyril Simard
Artisanat Québécois 3, Cyril Simard
Les bien-pensants, Pierre Berton
La chanson québécoise, Benoît L'Herbier
Charlebois, qui es-tu? Benoit L'Herbier
Le comité, M. et P. Thyraud de Vosjoli
Deux innocents en Chine rouge, Jacques Hébert et Pierre E. Trudeau
Duplessis, tome 1: L'ascension, Conrad Black

Les mammifères de mon pays, St-Denys, Duchesnay et Dumais
Margaret Trudeau, Felicity Cochrane
Masques et visages du spiritualisme contemporain, Julius Evola
Mon calvaire roumain, Michel Solomon
Les moulins à eau de la vallée du Saint-Laurent, F. Adam-Villeneuve et C. Felteau
Mozart raconté en 50 chefs-d'oeuvre, Paul Roussel
La musique au Québec, Willy Amtmann
Les objets familiers de nos ancêtres, Vermette, Genêt, Décarie-Audet
L'option, J.-P. Charbonneau et G. Paquette
Option Québec, René Lévesque

Duplessis, tome 2: Le pouvoir Conrad
Black
La dynastie des Bronfman, Peter C.
Newman
Les écoles de rasb au Québec, Jacques
Dorion
Égalité ou indépendance, Daniel John-
son
Envol — Départ pour le début du mon-
de, Daniel Kemp
Les épaves du Saint-Laurent, Jean
Lafrance
L'ermite, T. Lobsang Rampa
Le fabuleux Onassis, Christian Cafarakis
La filière canadienne, Jean-Pierre Char-
bonneau
Le grand livre des antiquités, K. Bell et J.
et E. Smith
Un homme et sa mission, Le Cardinal
Léger en Afrique
Information voyage, Robert Viau et Jean
Daunais
Les insolences du Frère Untel, Frère
Untel
Lamia, P.L. Thyraud de Vosjoli
Magadan, Michel Solomon
La maison traditionnelle au Québec,
Michel Lessard et Gilles Vilandré
La maîtresse, W. James, S. Jane Ked-
gley

Les papillons du Québec, B. Prévost et
C. Veilleux
La petite barbe. J'ai vécu 40 ans dans le
Grand Nord, André Steinmann
Pour entretenir la flamme, T. Lobsang
Rampa
Prague l'été des tanks, Desgraupes,
Dumayet, Stanké
Premiers sur la lune, Armstrong, Collins,
Aldrin Jr
Provencher, le dernier des coureurs de
bois, Paul Provencher
Le Québec des libertés, Parti Libéral du
Québec
Révolte contre le monde moderne,
Julius Evola
Le struma, Michel Solomon
Le temps des fêtes, Raymond Montpetit
Le terrorisme québécois, Dr Gustave
Morf
La treizième chandelle, T. Lobsang
Rampa
La troisième voie, Emile Colas
Les trois vies de Pearson, J.-M. Poliquin,
J.R. Beal
Trudeau, le paradoxe, Anthony Westell
Vizzini, Sal Vizzini
Le vrai visage de Duplessis, Pierre
Laporte

ENCYCLOPÉDIES

L'encyclopédie de la chasse, Bernard
Leiffet
Encyclopédie de la maison québécoise,
M. Lessard, H. Marquis
Encyclopédie des antiquités du Québec,
M. Lessard, H. Marquis
Encyclopédie des oiseaux du Québec,
W. Earl Godfrey

Encyclopédie du jardinier horticulteur,
W.H. Perron
Encyclopédie du Québec, vol. I, Louis
Landry
Encyclopédie du Québec, vol. II, Louis
Landry

LANGUE

Améliorez votre français, Professeur
Jacques Laurin
L'anglais par la méthode choc, Jean-
Louis Morgan
Corrigeons nos anglicismes, Jacques
Laurin

Notre français et ses pièges, Jacques
Laurin
Petit dictionnaire du joual au français,
Augustin Turenne
Les verbes, Jacques Laurin

LITTÉRATURE

22 222 milles à l'heure, Geneviève Gagnon

Aaron, Yves Thériault

Adieu Québec, André Bruneau

Agaguk, Yves Thériault

L'allocutaire, Gilbert Langlois

Les Berger, Marcel Cabay-Marin

Bigaouette, Raymond Lévesque

Le bois pourri, Andrée Maillet

Bousille et les justes (Pièce en 4 actes), Gratien Gélinas

Cap sur l'enfer, Ian Slater

Les carnivores, François Moreau

Carré Saint-Louis, Jean-Jules Richard

Les cent pas dans ma tête, Pierre Dudan

Centre-ville, Jean-Jules Richard

Chez les termites, Madeleine Ouellette-Michalska

Les commettants de Caridad, Yves Thériault

Cul-de-sac, Yves Thériault

D'un mur à l'autre, Paul-André Bibeau

Danka, Marcel Godin

La débarque, Raymond Plante

Les demi-civilisés, Jean-C. Harvey

Le dernier havre, Yves Thériault

Le domaine Cassaubon, Gilbert Langlois

Le dompteur d'ours, Yves Thériault

Le doux mal, Andrée Maillet

Échec au réseau meurtrier, Ronald White

L'emprise, Gaétan Brulotte

L'engrenage, Claudine Numainville

En hommage aux araignées, Esther Rochon

Et puis tout est silence, Claude Jasmin

Exodus U.K., Richard Rohmer

Exxoneration, Richard Rohmer

Faites de beaux rêves, Jacques Poulin

La fille laide, Yves Thériault

Fréquences interdites, Paul-André Bibeau

La fuite immobile, Gilles Archambault

J'parle tout seul quand Jean Narrache, Emile Coderre

Le jeu des saisons, M. Ouellette-Michalska

Joey et son 29e meurtre, Joey

Joey tue, Joey

Joey, tueur à gages, Joey

Lady Sylvana, Louise Morin

La marche des grands cocus, Roger Fournier

Moi ou la planète, Charles Montpetit

Le monde aime mieux..., Clémence Des-Rochers

Monsieur Isaac, G. Racette et N. de Bellefeuille

Mourir en automne, Claude DeCotret

N'tsuk, Yves Thériault

Neuf jours de haine, Jean-Jules Richard

New Medea, Monique Bosco

L'ossature, Robert Morency

L'outaragasipi, Claude Jasmin

La petite fleur du Vietnam, Clément Gaumont

Pièges, Jean-Jules Richard

Porte silence, Paul-André Bibeau

Porte sur l'enfer, Michel Vézina

Requiem pour un père, François Moreau

La scouine, Albert Laberge

Séparation, Richard Rohmer

Si tu savais..., Georges Dor

Les silences de la Croix-du-Sud, Daniel Pilon

Tayaout — fils d'Agaguk, Yves Thériault

Les temps du carcajou, Yves Thériault

Tête blanche, Marie-Claire Blais

Tit-Coq, Gratien Gélinas

Les tours de Babylone, Maurice Gagnon

Le trou, Sylvain Chapdelaine

Ultimatum, Richard Rohmer

Un simple soldat, Marcel Dubé

Valérie, Yves Thériault

Les vendeurs du temple, Yves Thériault

Les visages de l'enfance, Dominique Blondeau

La vogue, Pierre Jeancard

LIVRES PRATIQUES — LOISIRS

8/super 8/16, André Lafrance

L'ABC du marketing, André Dahamni

Initiation au système métrique, Louis Stanké

Fins de partie aux dames, H. Tranquille, G. Lefebvre
Le fléché, F. Bourret, L. Lavigne
La fourrure, Caroline Labelle
Gagster, Claude Landré
Le guide complet de la couture, Lise Chartier
Guide du propriétaire et du locataire, M. Bolduc, M. Lavigne, J. Giroux
Guide du véhicule de loisir, Daniel Héraud
La guitare, Peter Collins
L'hypnotisme, Jean Manolesco

La taxidermie, Jean Labrie
Technique de la photo, Antoine Desilets
Tenir maison, Françoise Gaudet-Smet
Terre cuite, Robert Fortier
Tout sur le macramé, Virginia I. Harvey
Les trouvailles de Clémence, Clémence Desrochers
Vivre, c'est vendre, Jean-Marc Chaput
Voir clair aux dames, H. Tranquille, G. Lefebvre
Voir clair aux échecs, Henri Tranquille
Votre avenir par les cartes, Louis Stanké
Votre discothèque, Paul Roussel

PLANTES — JARDINAGE

Arbres, haies et arbustes, Paul Pouliot
La culture des fleurs, des fruits et des légumes
Dessiner et aménager son terrain
Le jardinage, Paul Pouliot
Je décore avec des fleurs, Mimi Bassili

Les plantes d'intérieur, Paul Pouliot
Les techniques du jardinage, Paul Pouliot
Les terrariums, Ken Kayatta et Steven Schmidt
Votre pelouse, Paul Pouliot

PSYCHOLOGIE — ÉDUCATION

Aidez votre enfant à lire et à écrire, Louise Doyon-Richard
L'amour de l'exigence à la préférence, Lucien Auger
Caractères et tempéraments, Claude-Gérard Sarrazin
Les caractères par l'interprétation des visages, Louis Stanké
Comment animer un groupe, Collaboration
Comment vaincre la gêne et la timidité, René-Salvator Catta
Communication et épanouissement personnel, Lucien Auger
Complexes et psychanalyse, Pierre Valinieff
Contact, Léonard et Nathalie Zunin
Cours de psychologie populaire, Fernand Cantin
Découvrez votre enfant par ses jeux, Didier Calvet
La dépression nerveuse, En collaboration

Futur père, Yvette Pratte-Marchessault
Hatha-yoga pour tous, Suzanne Piuze
Interprétez vos rêves, Louis Stanké
J'aime, Yves Saint-Arnaud
Le langage de votre enfant, Professeur Claude Langevin
Les maladies psychosomatiques, Dr Roger Foisy
La méditation transcendantale, Jack Forem
La personne humaine, Yves Saint-Arnaud
La première impression, Chris L. Kleinke
Préparez votre enfant à l'école, Louise Doyon-Richard
Relaxation sensorielle, Pierre Gravel
S'aider soi-même, Lucien Auger
Savoir organiser: savoir décider, Gérald Lefebvre
Se comprendre soi-même, Collaboration
Se connaître soi-même, Gérard Artaud
La séparation du couple, Dr Robert S. Weiss

Le développement psychomoteur du bébé, Didier Calvet
Développez votre personnalité, vous réussirez, Sylvain Brind'Amour
Les douze premiers mois de mon enfant, Frank Caplan
Dynamique des groupes, J.-M. Aubry, Y. Saint-Arnaud
Être soi-même, Dorothy Corkille Briggs
Le facteur chance, Max Gunther
La femme après 30 ans, Nicole Germain

Vaincre ses peurs, Lucien Auger
La volonté, l'attention, la mémoire, Robert Tocquet
Vos mains, miroir de la personnalité, Pascale Maby
Vouloir c'est pouvoir, Raymond Hull
Yoga, corps et pensée, Bruno Leclercq
Le yoga des sphères, Bruno Leclercq
Le yoga, santé totale, Guy Lescouflair

SEXOLOGIE

L'adolescent veut savoir, Dr Lionel Gendron
L'adolescente veut savoir, Dr Lionel Gendron
L'amour après 50 ans, Dr Lionel Gendron
La contraception, Dr Lionel Gendron
Les déviations sexuelles, Dr Yvan Léger
La femme enceinte et la sexualité, Elisabeth Bing, Libby Colman
La femme et le sexe, Dr Lionel Gendron
Helga, Eric F. Bender
L'homme et l'art érotique, Dr Lionel Gendron
Les maladies transmises par relations sexuelles, Dr Lionel Gendron

La mariée veut savoir, Dr Lionel Gendron
La ménopause, Dr Lionel Gendron
La merveilleuse histoire de la naissance, Dr Lionel Gendron
Qu'est-ce qu'un homme?, Dr Lionel Gendron
Qu'est-ce qu'une femme?, Dr Lionel Gendron
Quel est votre quotient psycho-sexuel?, Dr Lionel Gendron
La sexualité, Dr Lionel Gendron
La sexualité du jeune adolescent, Dr Lionel Gendron
Le sexe au féminin, Carmen Kerr
Yoga sexe, S. Piuze et Dr L. Gendron

SPORTS

L'ABC du hockey, Howie Meeker
Aïkido — au-delà de l'agressivité, M. N.D. Villadorata et P. Grisard
Les armes de chasse, Charles Petit-Martinon
La bicyclette, Jeffrey Blish
Les Canadiens, nos glorieux champions, D. Brodeur et Y. Pedneault
Canoé-kayak, Wolf Ruck
Carte et boussole, Bjorn Kjellstrom
Comment se sortir du trou au golf, L. Brien et J. Barrette
Le conditionnement physique, Chevalier, Laferrière et Bergeron
Devant le filet, Jacques Plante
En forme après 50 ans, Trude Sekely

Nadia, Denis Brodeur et Benoît Aubin
La natation de compétition, Régent LaCoursière
La navigation de plaisance au Québec, R. Desjardins et A. Ledoux
Mes observations sur les insectes, Paul Provencher
Mes observations sur les mammifères, Paul Provencher
Mes observations sur les oiseaux, Paul Provencher
Mes observations sur les poissons, Paul Provencher
La pêche à la mouche, Serge Marleau
La pêche au Québec, Michel Chamberland

Imprimé au Canada

Printed in Canada